우리말 독송용

금강경

금강경 독송집을 내면서

어느 날 은사이신 회옹당 혜경큰스님께서 대뜸 "불교란 무엇인가?"하고 질문하셨다. 머리통을 한 대 얻어맞은 것 같았다. 나에게는 가장 쉬운 것 같으면서도 매우 어려운 질문이었다. 그러면서 하시는 말씀이 "불교란 자기를 찾는 거야."라고 하시고 나서 말씀을 이어가셨다. "옛날 중국의 공자님이 각국을 편력한 뒤 노(魯)나라로 돌아 왔다. 그러자 노나라의 군주인 항공(恒公)이 공자를 위로 하려는 뜻에서 농담 반 진담 반으로 "저의 신하 한 사람이 나이가 들어 낙향을 하게 되었는데, 짐을 챙겨 수레에 싣고 사흘을 가다가 보니, 자기 부인을 두고 왔더랍니다. 그때야 부랴부랴 다시 돌아와 부인을 찾아서 함께 낙향을 했다고 합니다." 그런데 공자님의 반응은 웃기는커녕 얼굴에 정색을 띠우며 하는 말이 "세상에는 자기를 잊어버리고 사는 사람이 더 많지요" 하시는 것이었다.

그래서 큰스님께 "그러면 어떤 공부를 해야 자기를 찾게 될까요?"하고 여쭈었더니, "일체의 수다라(경전)는 모두 자기를 찾는 것에 초점이 맞추어져 있지만, 그 중에서도 『금강경』이 최고야" 하시는 것이었다. 나는 깜짝 놀랐다. 자타가 공인하는 『법화경』 대가의 입에서 선뜻 나온 말이 『금강경』이라니, 알다가도 모르는 일이었다.

그래서 "왠 『금강경』입니까"하고 질문을 했더니, "반야는 모든 대승경전의 어머니야, 반야를 모르고 『법화경』을 한다는 것은 사상누각(砂上樓閣)이지, 그래서 『법화경』이 잘못 전해지는 거야"하시는 것이었다. 그러면서 옛날 보시던『금강경』과 아직 발표하시지 않은『금강경 범어본』을 주셨다.『범어본』은 아직 시중에 나오지 않은 책인데 아낌없이 주시는 것이었다. 제자를 사랑하시는 마음에 크게 감동되어 그날부터『금강경』에 매달려 씨름을 했다. 공부를 하다 보니 너무나 좋았다. 인생살이의 괴로움은 모든 것이 '나가 있다는 생각(我相)에서부터 비롯되었다, 다시 말해 나와 너라는 분별에서부터 시작되었다.'는 것을 어슴푸레하게나마 알게 되었다. 너무나 기쁘고 즐거웠다. 그래서 시작된 것이 '『금강경』독송'이었다. 이 기쁨을 많은 사람에게 알려주어 모두가 행복하게 살았으면 하는 생각에서였다.

그리고 신도들과 함께 독송을 하게 되었다. 어느 날 밤, 신도들과 함께 새벽이 되도록『금강경』을 네 차례나 독송을 했다. 독송을 마치자 주위가 숙연하고 경건해졌다. 그런데 문제가 생겼다. 신도들에게 내가 질문을 했다. "모두들 마음이 어떠세요?"하고 물었더니 이구동성으로 "아주 좋았습니다."라고 한다. 그래서 "무엇이 좋더냐?"하고 또 물었더니 묵묵부답이다. 그러자 한 분이 말하기를 "스님, 마음은 퍽이나 편안한데 무어가 무엇인지 도무지 모르겠고, '하이고(何以故)'하고 '어의운하(於意云何)'만이 입에 맴돌 뿐, 그 뜻은 전혀 모르겠습니다."하는 것이었다. 그 말을 듣자 "그렇다. 한글전용이 반세기를 넘었는데 계속 한문으로 독송을 하다 보니 이런 폐단도 있구나."하며 "한문이 아닌 우리말로 독송을 해야만 되겠다."하는 생각이 마음속에서부터 치솟아 올랐다. 이것은 큰스님께서 항상 하시는 말이었는데 이제야 그 참뜻을 알게 된 것이다.

이런 것이 인연이 되어 본격적으로 은사스님의 지도를 받으며 쓰고 또 쓰고, 고치고 또 고치면서 겨우 완성된 것이 바로 이『금강경 독송집』이다. 그리고 큰스님의 감수아래 이 책을 내놓게 되었으니 미흡한 점이 있다면, 선배제현(先輩諸賢)들께서는 아낌없는 비판과 질타를 해주셨기를 진심으로 바라는 바이다. 그리고 이 책자가 나오도록 많은 성원을 보내주신 "이름을 밝히기를 굳이 사양하는 불자님들"께 무한한 감사를 드리며 발간의 변을 마친다. 감사합니다.

원컨대 이 공덕이 일체에 널리 미치게 하여
나와 더불어 모든 중생이 모두 함께 성불케 하여지이다.

불기 2553(기축)년 한 여름에.
천보산 아래 화담정사에서
선옹 혜화 합장

성스러운,
금강의 능단인,
불모(佛母)로서의

금강바라밀

金剛般若波羅蜜經
금강반야바라밀경

1001 나는 이 가르침[經]을 다음과 같이 들었다.

어느 때 스승께서는 슈라바스티 시(市)의 제타 숲에서 고독(孤獨)한 사람들에게 먹을 것을 주는 장자(長者)의 동산[園]에, 1,250인이나 되는 많은 비구들과 함께 머물고 계셨다.

스승께서는 오전에 하의(下衣)를 입고 상의(上衣)와 발우[鉢]를 들고 슈라와스티 시내에 걸식행(乞食行)을 위해 들어가셨다. 그리고 슈라와스티 큰 시내를 걸식을 위해 걸으시며 식사를 마치셨다. 이를 마치시자 걸식에서 돌아와 발우와 상의를 치우시고 두 발을 씻은 후, 마련된 자리에 두 발을 가지런히 결가부좌(結跏趺坐)하고 몸을 똑바로 한 후, 정신을 집중하며 앉으셨다.

그때 많은 비구들은 스승이 계시는 곳으로 가까이 가서 스승의 두 발을 머리 위에 받든 후, 스승의 주위를 오른 쪽으로 세 바퀴 돌고 나서 한 쪽으로 가서 앉았다.

1002 그때 장로인 수보리는 대중 가운데 앉아 있었으나, 자리에서 일어나 상의(上衣)를 한 쪽 어깨에만 걸치고 오른 쪽 무릎을 땅에 대고 스승이 계시는 곳을 향해 공손히 합장하며 다음과 같이 말씀드렸다.

"감사한 일입니다. 스승이시여, 여래에 의해서 모든 보살들이 위없는 은혜에 감싸여져 있고, 또 위없는 부탁에 힘입고 있음은 참으로 감사한 일입니다. 그런데 스승이시여, 선남자 선녀인이 아뇩다라삼먁삼보리의 마음을 일으키는 데는 어떻게 생활하며, 어떻게 마음을 항복시켜야 합니까?"

이와 같이 수보리가 여쭈었을 때,

부처님께서는 다음과 같이 말씀하셨다.

"그렇다. 수보리여, 그대가 말한 그대로이다. 여래는 모든 보살을 위없는 은혜로

섭수(攝受)하며 또 위없는 부탁으로 힘을 주고 있다. 그러므로 수보리여, 잘 듣도록 하라. 지금 그대에게 설하리라. 선남자 선녀인이 아뇩다라삼먁삼보리의 마음을 일으키기 위해서는 어떻게 생활(住)해야 하며, 또 어떻게 마음을 항복 받아야 하는가를.

수보리가 말씀드렸다.

"네 그렇게 해 주십시오. 스승이시여, 부디 들려주십시오."

1003 부처님께서는 수보리에게 이와 같이 말씀하셨다.

"모든 보살·마하살은 이와 같이 마음을 억제(抑制)하지 않으면 안 된다.

수보리여, 무릇 일체의 살며 살아가고 있는 것들, 이를테면 조류(鳥類)와 같이 알[卵]에서 생겨난 것, 소와 말처럼 모태(母胎)에서 생겨난 것, 혹은 벌레[蟲]나 모기

[蚊]처럼 습기(濕氣)에서 생겨난 것, 내지(乃至)는 여러 천신[諸天]처럼 의탁함이 없이 자연히 생겨난 것, 이상(以上)과 같은 4생(四生)이나 또 형태(形態)가 있는 것과 형태가 없는 것, 다시 외부세계의 대상을 마음속에 상상하여 나타내는 표상작용(表象作用)이 있는 것, 표상작용이 없는 것, 표상작용이 있는 것도 아니고 없는 것도 아닌 것, 그밖에 살아 있는 것에 포함된다고 생각되는 한(限)의, 온갖 생명체(生命體)를 모두 괴로움이 없는 영원한 평안의 경지로 이끌어 들이지 않으면 안 된다. 그러나 이와 같이 무수무변(無數無邊)한 생명체들을, 영원한 안주(安住)로 인도(引導)하여도 실은 누구 한 사람도 이끌어 들인 사람은 없다.

그것은 왜냐하면 수보리여, 만일 보살이 자아(自我)라고 하는 생각[想]을 일으키거나, 살아 있는 사람이라고 하는 생각이나,

개체(個體)라고 하는 생각이나, 개인(個人) 이라고 하는 생각을 일으키는 사람은, 이미 보살이라고 말할 수 없다."

1004 "또 다음에 수보리여,

보살은 어떤 현상[事物]에 사로잡혀서 보시를 해서는 안 된다. 무엇인가에 집착해서 보시를 해서는 안 된다. 물질[色]에 집착하여 보시해서는 안 되며, 소리[聲]나 냄새[香]나 맛[味]이나 접촉(接觸)되는 것이나 마음의 대상(對象)에 사로잡혀서 보시해서는 안 된다.

이와 같이 수보리여, 보살은 모습에 대한 생각(相想)에도 사로잡히지 않고 보시를 하지 않으면 안 된다.

왜냐하면, 만일에 보살이 모습에 대한 생각(相想)에 사로잡히지 않고 보시를 했다면, 그 공덕의 쌓임은 쉽게 헤아릴 수 없기 때문이다. 수보리여, 어떻게 생각하는가?

동방(東方)의 허공(虛空)이 얼마나 되는지 그 양(量)을 헤아릴 수 있겠는가?"

수보리가 대답했다.

"아닙니다. 헤아릴 수는 없습니다. 스승이시여."

부처님께서 질문하셨다.

"이와 똑같이 남(南)과 서(西)와 북(北)과 4 간방[四維](남동·남서·북동·북서)과 위와 아래쪽에 있는 허공의 양도 쉽게 헤아릴 수 있겠는가? 어떠한가?"

수보리가 대답했다.

"아닙니다. 헤아릴 수 없습니다. 스승이시여,"

부처님께서 말씀하셨다.

"수보리여, 보살이 모습에 대한 생각[相想]에 사로잡히지 않고 보시하면, 그 공덕이 쌓이는 양(量)은 헤아릴 수 없다. 이와 똑같이 헤아려 알 수 없다."

"수보리여, 보살은 다만 가르침대로 안주(安住)하지 않으면 안 된다."

1005 "수보리여, 어떻게 생각하는가? 여래는 특징 (三十二相)을 갖추었다고 생각해야 할 것인가."
수보리가 대답했다.
"아닙니다. 스승이시여, 여래는 특징을 갖추고 있다고 생각해서는 안 됩니다. 왜냐하면 여래께서 설하신 특징을 갖추고 있다고 생각하는 것은, 특징을 갖추고 있지 않는 것이기 때문입니다."
거기서 스승께서는 수보리에게 다음과 같이 말씀하셨다.
"무릇 온갖 특징을 갖추고 있는 것은 그에 관한 한, 일시적인 것이며, 특징을 갖추고 있지 않는 한, 그것은 일시적인 것이 아니다. 그러므로 특징이 있다는 것과 특징이 없다고 하는 것(相과 非相)에서 여래를 보아야 한다."

1006 수보리는 스승을 향해 다음과 같이 말씀드렸다.
"세존이시여, 이와 같은 가르침[經]의 말씀이 설해지는 것을 듣고 그것을 진실하다고 생각하는 중생이 누가 있겠습니까."
스승께서는 수보리에게 대답했다.
"그렇게 말해서는 안 된다. 여래가 멸도한 후 제2의 5백년 대에 계율을 지키며 복덕을 닦은 사람이 이와 같은 가르침의 말을 듣고, 훌륭히 신심을 일으켜 그 말을 진실하다고 생각하는 사람이 틀림없이 있을 것이다. 그와 같은 중생은 한 부처님[1佛]·두 부처님·셋·넷·다섯 부처님 아래서 선근을 심었을 뿐만 아니라, 헤아릴 수 없는 몇 천만의 눈뜨고 깨달은 제불(諸佛) 아래서 많은 선근을 심은 사람이어서, 이와 같은 가르침의 말씀을 듣고 혹은 일념(一念)에 청정한 신앙을 얻을 것임에 틀림없다.

수보리여, 여래는 이와 같은 많은 중생이 이처럼 헤아릴 수 없이 많은 복덕을 얻을 것이라는 사실을 부처님의 지혜(佛智)를 가지고 알며, 부처님의 눈(佛眼)으로 보고 있다. 그것은 왜냐하면 이와 같이 많은 중생에게는 나(我)라고 하는 생각(想)도, 살아 있는 사람이라는 생각도, 개체(個體)라고 하는 생각도, 개인(個人)이라고 하는 생각도 일어나지 않는다. 또 사물이라는 생각도, 사물이 아니라는 생각도 일어나지 않기 때문이다.

그것은 왜냐하면 이 많은 중생이 만일 그 '마음'에 집착이 일어난다면 나(我)와, 살아 있는 것과, 개체나, 개인 등에 사로잡히고 있는 것이 되며 또 '사물이라는 생각'

에 사로잡히고 있을 때에도, 나와, 살아 있는 사람과, 개체나, 개인에 대해 집착하고 있는 것이 되기 때문이다. 왜냐하면 만일 '사물이 아니라는 생각'이 일어난다면 또 나와 살아 있는 사람과 개체와 개인에 대해 집착이 있기 때문이다. 그러므로 '사물이라는 생각'에도 '사물이 아니라는 생각'에도 집착해서는 안 된다. 이런 이유에서 여래는 다음과 같은 말을 설하고 있는 것이다. "비구들이여, 내가 설하는 법문을 뗏목의 비유와 같다고 아는 사람은 법마저 버리지 않으면 안 된다. 그럴진대 하물며 법 아닌 것은 말해 무엇 하겠는가!"

1007 "수보리여 어떻게 생각하는가?
　여래가 위없는 바른 깨달음이라 하여 현재 깨닫고 있는 바의 어떤 법이 있겠는가? 또 여래에 의해서 설해진 어떤 법이 있겠는가?"

수보리가 대답했다.

"제가 스승께서 설하신 말씀의 의미를 이해한 바에 의하면,

여래께서 위없는 바른 깨달음으로서 현재 깨닫고 계시는 법이라고 하는 것은 아무것도 없습니다. 또 여래께서 설하셨다는 법도 없습니다.

왜냐하면 여래께서 현재 깨달았거나 설했다거나 하는 진리(法)라는 것은 구하려해도 실체가 없으므로 인간의 사려 밖에 있기 때문에 인식되지 않고(不可取), 참된 이치는 증과(證果)에 의해서 체득(體得)할 것이지 말로는 설명할 수 없는(不可說)것이기 때문입니다. 그것은 진리도 아니고 진리가 아닌 것도 아니기 때문입니다. 그것은 왜냐하면 모든 성자들은 무위(無爲)에서 나타난 것이기 때문입니다"

1008 "수보리여, 어떻게 생각하는가?

만일 선남자 선녀인이 이 3천대천세계를 7보로 가득 채워 여래·응공·정등각에게 보시했다고 한다면, 그 인연에 의해 이 선남자 선녀인은 많은 공덕을 쌓은(福聚를 生한) 것이 되겠는가?"

수보리가 대답했다.

"스승이시여, 그 선남자 선녀인은 그 인연에 의해 많은 공덕을 쌓은(福聚를 生한) 것이 됩니다. 왜냐하면 스승이시여 여래 설하신 바에 의하면(所說) 공덕을 쌓는다고 생각하는 것은 공덕을 쌓지 않는다는 것이라고 여래께서 설하고 계시기 때문입니다. 그러므로 여래는 공덕을 쌓는다. 공덕을 쌓는다고 설하시는 것입니다."

부처님께서 말씀하셨다.

"수보리여, 만일 또 선남자 선녀인이 이 3천대천세계에 7보를 가득 채워 여래·응공·정등각에게 보시를 한다고 해도, 이 법문에서 4구(四句)로 된 한 게송[1偈]만이라도 들어내어 다른 사람에게 자세히 설해 들려주는 사람이 있다면, 그 편이 그 인연으로 더욱 많은 헤아릴 수 없는 공덕을 쌓는 것이 된다.

왜냐하면 수보리여, 참으로 모든 여래·응공·정등각인 무상정등각(無上正等覺)도 그로부터 나오고 또 제불세존도 그로부터 생겨났기 때문이다.

불법(佛法)이다. 불법이다. 라고 생각하는 것은 수보리여, 그것들은 불법이 아니(非佛法)라고 여래가 설하고 있다. 그러므로 불법이라고 말하는 것이다."

1009-1 수보리여, 어떻게 생각하는가?
처음으로 성자(聖者)의 흐름에 맡겨져 탄(乘, 預流)사람이 그와 같은 예류(預流, 須陀

洹)의 과(果)를 얻었다고 하는 생각을 일으키겠는가? 어떠한가?

수보리가 대답했다.

"아닙니다. 그와 같은 일은 없습니다. 스승이시여, 왜냐하면, 수다원(須陀洹)을 입류(入流)라 하지만, 어디에도 흐름에 들어가 맡겨진 곳은 없기 때문입니다. 그는 형태를 얻은 것도 아니고, 소리나, 향기나, 맛이나, 접촉되는 것이나, 마음의 대상을 얻은 것도 없습니다. 그렇기 때문에 성자(聖者)의 흐름에 맡겨져 탄 사람, 다시 말해 수다원이라 말하는 것입니다.

스승이시여, 만약에 처음으로 성자의 흐름에 맡겨져 탄 사람이, 저는 그와 같은 수다원의 과(果)를 얻었다고 하는 그러한 생각을 일으켰다고 하면, 그에게는 다른 자아(自我)에 대한 집착(我想), 살아 있는 것에 대한 집착(衆生想), 개체에 대한 집착(壽者

想), 개인에 대한 집착(人想)이 있는 것이 될 것입니다."

1009-2 수보리여, 어떻게 생각하는가?

성자의 흐름에 맡겨져 탄 사람은, 다음에는 하늘(天)이나 사람의 세계에 또 한 번 만 다시 태어나서 깨닫는다고 하는데, 이와 같은 1왕래(一往來)의 사람이 그 과(果)를 얻었다고 하는 생각을 일으킬 것인가, 어떠한가?

수보리가 대답했다.

아닙니다. 그와 같은 일은 없습니다. 스승이시여, 왜냐하면, 사다함은 1왕래(一往來)라고 말하지만, 실제로는 그와 같이 왕래라고 하는 것은 어디에도 없기 때문입니다. 그런 까닭에 사다함이라고 말하는 것입니다.

1009-3 스승께서 질문하셨다.

수보리여, 어떻게 생각하는가? 다음에 가장 빨리 다시 태어나 지 않는 사람이, 이와 같은 과(果)를 얻었다고 하는 생각을 일으키겠는가? 어떠한가?

　수보리가 대답했다.

　아닙니다. 그와 같은 일은 없습니다. 스승이시여, 왜냐하면 아나함(阿那舍)은 불래(不來, 不還)라고 말하지만, 실제로는 불래(不來)라고 하는 것은 어디에도 없기 때문입니다. 그런 까닭에 불래(不來)라고 하는 것입니다.

1009-4 스승께서 질문하셨다.

　수보리여, 어떻게 생각하는가? 최후에 세상의 존경과 공양을 받는데 마땅한 사람이, 나는 그러한 가치가 있는 사람이 되었다고 하는 그와 같은 생각을 일으키겠는가? 어떠한가?

　수보리가 대답했다.

　아닙니다. 그러한 일은 없습니다. 스승

이시여, 왜냐하면, 실제로는 법으로서 그와 같은 아라한이라고 하는 것은 어디에도 없기 때문입니다. 스승이시여, 만약 아라한(阿羅漢)이 나는 아라한이 되었다고 하는 그러한 생각을 일으킨다면, 그에게는 자아(自我)에 대한 집착이 있게 되는 것이며, 살아있는 것, 개체(個體), 개인(個人) 등에 대한 집착이 있기 때문입니다.

1009-5 그것은 왜냐하면, 스승이시여, 여래(如來)·응공(應供)·정등각(正等覺)을 얻은 사람은, 저에 대해서 마음의 갈등이 없는 무쟁주자(無諍住者) 중에서 제1인자(第一人者)라고 하셨습니다. 스승이시여, 저는 탐욕에서 벗어난 이욕(離欲)의 아라한입니다. 그러나 스승이시여, 저는 이욕(離欲)의 아라한이라는 생각을 일으키지 않습니다. 스승이시여, 만약 에 이와 같은 생각을 일으켜서, 나는 아라한을 얻었다고 생각한다면, 여래께

서는 저에 대해 무쟁주자(無諍住者) 중에서 제1인자(第一人者)이고, 선남자(善男子) 수보리는 어떠한 것에도 사로잡히지 않기 때문에, 무쟁(無諍)에 주(住)하는 사람이다, 무쟁(無諍)에 주(住)하는 사람이다, 라고는 수기(授記)하지 않았을 것입니다.

1010-1 스승께서 질문하셨다.

"수보리여, 어떻게 생각하는가? 여래가 응공·정등각자인 연등불의 처소에서 무엇인가를 얻은 것이 있겠는가? 어떠한가?"

수보리가 대답했다.

"아닙니다. 여래께서 응공·정등각이신 연등불의 처소에서 얻은 것은 아무 것도 없습니다."

1010-2 스승께서 말씀하셨다.

"수보리여, 만약 보살이, 나는 불국토를 장엄하게 할 것이다. 라고 말했다면 그는 틀린 말을 한 것이 된다. 왜냐하면 수보리여, 불국토의 장엄, 불국토의 장엄이라는 것은, 장엄이 아니라고 설하고 있기 때문이다. 그렇기 때문에 불국토의 장엄이라 말하는 것이다.

1010-3 그러므로 수보리여, 보살·마하살은 집착이 없는(無所住) 마음을 일으키지 않으면 안 된다. 어떤 것에 사로잡힌 마음을 일으켜서는 안 된다. 형태에 사로잡힌 마음을 일으켜서는 안 된다. 소리나, 냄새나, 맛이나, 접촉되는 것이나, 마음의 대상에 사로잡힌 마음을 일으켜서는 안 된다.

　수보리여, 비유하면 만약에 사람이 그 신체는 정돈되어 있고, 크기가 수미산과 같다고 한다면 어떻게 생각하겠는가? 그의 신체는 크겠는가?

　수보리가 대답했다.

　"스승이시여, 그것은 크고말고요. 선서

시여, 그의 신체는 크고말고요. 왜냐하면 스승이시여, 신체, 신체라고 말하지만 그것은 실체가 없다고 여래께서 말씀 하셨기 때문입니다. 그러므로 신체라고 말하는 것입니다. 스승이시여, 그것은 몸도 아니고 몸이 아닌 것도 아닙니다. 그렇기 때문에 신체라고 말하는 것입니다."

1011 스승께서 질문하셨다.

"수보리여, 어떻게 생각하는가? 큰 항하에 있는 모래 수만큼의 항하가 있다고 하자. 그러한 강의 모래 수는 많다고 생각하는가?"

수보리가 대답했다.

"스승이시여, 그만한 수의 항하도 무수할 것입니다. 그런데 하물며 그러한 강의 모래에 이르러서는 더욱 그러할 것입니다."

스승께서 말씀하셨다.

"나는 그대에게 말하겠다. 수보리여, 그

대에게 알 수 있도록 설하겠다. 그러한 항하의 모래 수만큼의 세계에, 선남자와 선녀인이 칠보(七寶)로 가득 채워 여래(如來)·응공(應供)·정등각(正等覺)에게 보시(布施)했다고 하자. 수보리여, 어떻게 생각하는가? 그 선남자와 선녀인이 그것에 의해 많은 공덕(功德)을 쌓은 셈이 되겠는가?"

수보리가 대답했다.

"스승이시여, 선서(善逝)시여, 그 선남자와 선녀인은 그 인연(因緣)에 의해 많은 헤아릴 수 없는 공덕을 쌓은 것이 됩니다."

스승께서 말씀하셨다.

"수보리여, 다시 선남자와 선녀인이 그것만큼의 세계를 칠보로 가득 채워서 여래·응공·정등각에게 보시했다고 하더라도, 만약에 선남자와 선녀인이 이 법문의 4행시(四行詩) 하나라도 집어 들어서 다른 사람에게 교시하고 설해 들려준다면, 이쪽이 그

인연에 의해서 한 층 많은 헤아릴 수 없는 공덕을 쌓는 것이 된다."

1012 "또 다음에 수보리여, 어떤 지방에서라도 이 법문에서 4행시의 하나라도 집어내어서 이야기하거나, 설해 들려주거나 하면, 그 지방은 신과 인간과 아수라의 세간의 탑묘가 될 것이다. 더욱이 이 법문을 남김없이 수지하고 독송하며, 학수(學修)하여 다른 사람들을 위해 자세히 설해 들려주는 사람이 있다면 수보리여, 그들은 최승(最勝) 희유(希有)한 사람이 될 것이다. 그리고 수보리여, 그러한 지방에서는 대사(大師)가 살며 혹은 갖가지의 지혜 있는 스승의 지위에 있는 사람이 살고 있는 것이 된다."

1013-1 이와 같이 설했을 때, 수보리 장로는 다음과 같이 스승께 말씀드렸다.
"스승이시여, 이 법문은 무엇이라고 이

름하며 또 이것을 어떻게 수지(受持)하면 좋겠습니까?"

이와 같이 말했을 때, 스승께서는 수보리 장로에게 다음과 같이 말씀하셨다.

"수보리여, 이 법문은 반야바라밀이라 이름 한다. 그와 같이 수지하는 것이 좋다. 왜냐하면 수보리여, 여래가 반야바라밀이라 설하는 것은 비바라밀(非波羅蜜)이라고 여래에 의해서 설해졌기 때문이다. 그러므로 반야바라밀이라 하는 것이다."

1013-2 "수보리여, 어떻게 생각하는가? 여래에 의해서 설해진 법이라고 하는 어떠한 것이 있겠는가?"

수보리가 대답했다.

"스승이시여, 아닙니다. 여래께서 설하신 법이라고 하는 것은 아무 것도 없습니다."

1013-3 스승께서 질문하셨다.

"수보리여, 어떻게 생각하는가? 3천대천세계에 있는 땅의 티끌은 많겠는가?"

수보리가 대답했다.

"스승이시여, 많고말고요. 선서(善逝)시여, 많고말고요. 왜냐하면 스승이시여, 여래께서 설하신 땅의 티끌은 티끌이 아니라고 설해졌기 때문입니다. 그러므로 땅의 티끌이라 말하는 것입니다. 또 여래에 의해서 설해진 그 세계는 세계가 아니라고 설하셨기 때문입니다. 그러므로 세계라고 하는 것입니다."

1013-4 스승께서 질문하셨다.

"수보리여, 어떻게 생각하는가? 여래·응공·정등각은 서른두 가지의 대인상(三十二大人相)에 의해서 분별할 수 있는 것인가?"

수보리가 대답했다.

"스승이시여, 아닙니다. 그렇지 않습니다. 여래·응공·정등각은 서른두 가지의 대인상에 의해서 분별할 수 있는 것은 아닙니다. 왜냐 하면 실로 스승이시여, 여래께서 설하시는 서른두 가지의 대인상은 상이 아니라고 여래께서 설하고 계시기 때문입니다. 그러므로 서른두 가지의 대인상이라 하는 것입니다."

1013-5 스승께서 말씀하셨다.

"또 참으로 수보리여, 선남자와 선녀인이 나날이 항하의 모래 수와 같은 몸을 바치기를 계속하여, 항하의 모래 수와 같은 동안 그 몸을 바쳤다 하더라도, 이 법문에서 4행시 하나라도 집어 들어 다른 사람을 위해 교설(教說)하고, 개시(開示)하는 사람이 있다고 하면, 이 쪽 사람이 그 인연에 의해 한 층 많은 헤아릴 수 없을 만큼의 복취(福聚: 功德)를 쌓는 것이 될 것이다."

1014-1 그때 수보리 장로는 가르침(法)에 감동하여 눈물을 흘렸다. 눈물을 씻고 나서 스승을 향해서 다음과 같이 여쭈었다.

"훌륭하십니다. 선서시여, 매우 훌륭하십니다. 최상의 탈것으로 향한 사람들을 위해, 그리고 최승의 탈것으로 향한 사람들을 위해, 이 법문이 여래에 의해서 설해졌다는 것은, 그리고 그것에 의해서 스승이시여, 저는 아직까지 이와 같은 법문을 들은 적이 없습니다. 스승이시여, 이 경이 설해지는 것을 듣고, 진실이라고 하는 생각을 일으키는 보살은, 위없는 훌륭한 성질을 갖춘 사람들일 것입니다. 왜냐하면 스승이시여, 진실이라고 하는 생각은 이것은 생각이 아니다. 이런 까닭에 여래는 진실이라는 생각, 진실이라고 하는 생각, 이라고 설하시는 것입니다."

1014-2 "그러나 스승이시여, 이 법문이 설해지고 있을 때에, 제가 그것을 받아 들여서, 믿고 이해[信解]하는 것은 그다지 어려운 일은 아닙니다. 그렇지만 스승이시여, 지금부터 앞으로 다음의 세상, 제2의 5백년 대에, 바른 가르침이 파멸할 무렵, 사람들은 이 법문을 집어 들어, 수지하고, 독송하며, 수학하여, 다른 사람들을 위해 자세히 설해 들려주겠지만, 그와 같은 사람들은 가장 훌륭한 성질을 갖춘 사람이 될 것입니다."

1014-3 "그렇지만 또 스승이시여, 참으로 그러한 사람에게는 자기라고 하는 생각도 일어나지 않으며, 살아 있는 사람이라고 하는 생각도 일어나지 않을 것이며, 개체라고 하는 생각도, 개인이라고 하는 생각도 일어나지 않을 것입니다. 또 그러한 사람들에게는 생각하려는 것도 생각하지 않으려는 것도 일어나지 않습니다. 왜냐하면 스승이시여, 그 자기

라고 하는 생각은 생각이 아니며, 살아 있는 사람이라고 하는 생각도, 개체라고 하는 생각도, 개인이라고 하는 생각도, 생각이 아니기 때문입니다. 어째서 그런가 하면, 제불세존은 일체의 생각을 멀리 떠나 있기 때문입니다."

1014-4 이와 같이 말했을 때, 스승께서는 수보리 장로에게 다음과 같이 말씀하셨다.

"그와 같다. 수보리여, 그와 같다. 그들이, 이 경이 설해질 때에 놀라지 않고, 무서워하지 않고, 공포에 빠지지 않는다면, 위없는 훌륭한 성질을 갖춘 사람들일 것이다. 왜냐하면 수보리여, 여래가 설한 이 최승(最勝) 바라밀은 곧 이것은 바라밀이 아니며, 또 수보리여, 여래가 최승 바라밀이라고 설한 그것을 또 한량없는 제불세존도 설했기 때문에 가장 뛰어난 바라밀이라 하는 것이다."

1014-5 "그러나 또 수보리여, 실로 여래의 인욕바라밀은 바라밀이 아니다. 왜냐하면 수보리여, 일찍이 어떤 악한 왕이 나의 몸과 수족에서 살을 도려냈을 때에도 나는 아상(我想)도, 인상(人想)도, 중생상(衆生想)도, 수자상(壽者想)도 없었으며, 다시 어떤 생각도, 또 생각 아닌 것(非想)도 없었다.

왜냐하면 수보리여, 만일 그때, 나에게 아상(我想)이 있었으면 그때 또 나에게 성내고 원한의 생각(瞋怨想)이 있었음에 틀림없으며 만일 중생상, 수자상, 인상이 있었으면 그때 또 나에게 성내고 원한의 생각이 있었을 것이다.

왜냐하면 수보리여, 나는 생각해 낸다. 과거세 5백의 생애 동안, 인욕을 설하는 사람이라는 이름의 선인(仙人)이었다. 그 무렵에 나에게는 아상은 없었으며, 중생상도, 수자상도, 인상도 없었기 때문이다.

그러므로 수보리여,

보살마하살은 일체의 생각을 버리고 무상정등의 보리에 대한 마음을 일으키지 않으면 안 된다. 색에 집착하는 마음을 일으켜서는 안 된다. 소리나, 냄새나, 맛이나, 접촉되는 것이나, 마음의 대상에 집착하는 마음을 일으켜서는 안 된다. 현상(法)에 집착하는 마음을 일으켜서는 안 된다. 현상이 아닌 것에 집착하는 마음을 일으켜서는 안 된다. 어떠한 것에도 집착하는 마음을 일으켜서는 안 된다. 왜냐하면 마음에 사로잡힘이 있으면, 곧 이것은 집착(住)이 아니라고 하기 때문이다. 그렇기 때문에 여래가 설했다. 보살은 집착하지 않고 보시해야 할 것이며, 색이나, 냄새나, 맛이나, 접촉이나, 현상(事物)에 집착(住)해서 보시해서는 안 된다."

1014-6 "다시 또 수보리여,

　참으로 보살은 일체 중생을 위하여 이와 같이 보시를 해야 한다. 왜냐하면 수보리여, 이 중생이라고 하는 생각은 생각이 아님(非想)에 지나지 않기 때문에, 이와 같이 여래가 일체 중생이라고 설하는 것은 중생이 아닌 것이다. 어찌하여 그런가 하면 수보리여, 여래는 진실을 말하는 사람이며, 있는 그대로를 말하는 사람이며, 착오 없이 말하는 사람이며, 여래는 결코 거짓말을 하는 사람이 아니기 때문이다."

1014-7 "다시 또 수보리여,

　실로 여래가 현재 깨닫고, 교시하고, 심려(深慮)한 법 가운데에는, 진실도 없으며 허망도 없다. 예를 들면 수보리여, 어둠 속에 들어간 사람은 아무 것도 보지 못하는 것과 같은 것이다. 무릇 현상(事)에 빠진 보살도 그와 같이 본다. 그는 현상에 빠져서 보시를 하는 것이다.
 또 예를 들면 수보리여,
 눈을 갖춘 사람은 날이 밝아 태양이 떠올랐을 때, 여러 가지의 색채를 보는 것처럼, 현상에 빠지지 않은 보살도 그와 같이 볼 수 있는 것이어서, 그들은 현상에 빠지지 않는 사람으로서 보시를 하는 것이다."

1014-8 "또 참으로 수보리여,"
"선남자 선녀인이 이 법문을 집어 들어서 수지하고, 독송하고, 학수(學修)하고, 다시 다른 사람들을 위해 자세히 설해 들려준다면 수보리여, 여래는 부처님의 지혜(佛智)에 의해서 이러한 사람들을 알고 있다. 수보리여, 여래는 이러한 사람들을 부처님의 눈(佛眼)으로써 보고 있다. 수보리여, 여래는 이러한 사람들을 알(覺)고 있다. 수보리여, 이 모든 사람들은 무량 무수한 복덕을 생하여 수지하게 될 것이다."

1015-1 "또 참으로 수보리여,"

"선남자와 선녀인이 오전 중에 항하의 모래 수만큼의 몸을 바치고, 낮에도 항하의 모래 수만큼의 몸을 바치며, 저녁에도 항하의 모래 수만큼의 몸을 바치고, 이와 같이하여 무한히 오랫동안 몸을 바친다 하더라도, 이 법문을 듣고 비방하지 않는다면 이 쪽편이 그 인연에 의해 더 많은 무량 무수한 복덕을 쌓는 것이 될 것이다. 그런데 하물며 서사(書寫)하고, 수지하여, 독송하고, 학수(學修)하여 다른 사람들을 위해 자세히 설해 들려주는 사람이 있다면 말해 무엇 하겠는가!"

1015-2 "다시 또 수보리여,"

"참으로 이 법문은 부사의(不思議)하여 비할 바가 없다. 그리고 수보리여, 여래는 이 법문을 최고의 탈것(最上乘)으로 향하는 사람들을 위해, 가장 뛰어난 탈것(最勝乘)으로 향하는 사람들을 위해서 설한 것이다. 이 법문을 집어 들어서 수지하고, 독송하고, 학수하고, 다시 다른 사람들을 위해 자세히 설해 들려주는 사람들을 수보리여, 여래는 부처님의 지혜(佛智)에 의해 알고 있다. 수보리여, 여래는 부처님의 눈(佛眼)으로 그러한 사람들을 보고 있다. 수보리여, 여래는 그러한 사람들을 알고[覺知] 있다. 그 모든 사람들은 무량한 복덕을 갖춘 사람이 될 것이다. 부사의 하고, 비할 수 없고, 그 양(量)을 헤아릴 수 없고, 그 수(數)를 헤아릴 수 없는 복덕을 갖춘[具有] 사람이 될 것이다. 수보리여, 그 모든 사람들은 자기의 깨달음을 어깨에 떼 메고 다닐 것이다.

    왜냐하면 이 법문을 작은 법을 신해하는 사람들은 들을 수 없기 때문이다. 또 아견(我見)을 가진 사람에게도, 중생견을 가진 사람에게도, 수자견을 가진 사람에게도, 인견을 가진 사람에게도 들을 수 없기 때문이다. 보살의 서원을 세우지 않은 사람들은 이 법문을 듣거나, 집어 들거나, 수지하거나, 독송하거나, 학수하거나 할 수 없다. 그와 같은 도리는 없기 때문이다."

1015-3 "그러나 또 참으로 수보리여,"
"어떠한 지방에서도 이 경이 설해 들려지는 지방은 천(天)·인(人)·아수라를 포함한 세계가 공양해야 할 곳이 될 것이다. 그리고 그 지방은 오른 쪽으로 세 바퀴 도는 곳으로 되며 탑묘와 대등한 곳이 될 것이다."

1016-1 "그러나 수보리여,"
"선남자 선녀인이 이와 같은 경을 집어 들어 수지하고, 독송하고, 학수(學修)하고, 진리에 알맞게 의도(意圖)하고, 또 다른 사람들을 위해 자세히 설해 들려주었을지라도 더욱이 그러한 사람이 경천(輕賤)되고, 또 심하게 경멸되는 경우가 있을지도 모른다. 그것은 왜냐하면 수보리여, 그러한 사람들은 전생에서 악한 갈래를 초래할 깨끗하지 못한 행위를 하였으므로, 이 현생에서 경천됨으로써 전생의 더러워진 행위에 대한 보상을 한 것에 의해서 부처님의 보리(깨달음)를 얻게 되는 것이다."

1016-2 "그것은 왜냐하면 수보리여,"

"나는 생각해 낸다. 헤아릴 수 없을 만큼의 무한한 옛날에, 연등여래·응공·정등각자가 계셨고, 그 보다도 더 이전에 수 없이 많은 여러 부처님이 계셨다. 나는 그 여러 부처님을 받들어 섬기기를 멈추지 않았다.

　수보리여, 나는 제불세존을 가까이서 섬기기를 멈추지 않았으나 다음 세상, 제2의 5백년 대에, 정법이 파멸할 때, 이와 같은 경전을 집어 들어 수지하고, 독송하고, 학수하고, 다른 사람을 위해 자세히 설해 들려주는 사람이 있다면 수보리여, 참으로 이

쪽의 복덕에 비하면 앞 사람들의 복덕은 그 백 분의 일에도 미치지 못할 것이며, 천 분의 일에도, 백 천 분의 일에도, 억 분의 일에도, 백 억 분의 일에도, 백 천 억 분의 일에도 미치지 못하며, 수량으로도, 구분으로도, 계산으로도, 비유로도, 비교할 수도 없는 것이다."

1016-3 "또 만일 수보리여,"

"내가 이 선남자 선녀인이 쌓은 복덕에 대해 설한다면, 이 선남자 선녀인이 얼마만큼의 복덕을 낳고 섭수 하는가를 들음에 있어 사람들은 마음이 광란(狂亂)에 빠져 동란(動亂)하게 될 것이다. 또 참으로 수보리여, 여래가 설한 이 법문은 불가사의하며 그 과보도 참으로 불가사의 하리라고 기대해야 할 것이다."

1017-1 그때 실로 수보리 장로는 스승께 여쭈었다.

"스승이시여, 보살승에 마음을 일으킨 사람은 어떻게 생활해야 하며, 어떻게 수행을 해야 하고, 어떻게 마음을 제복(制伏)해야 합니까?"

스승께서는 대답하셨다.

"수보리여, 지금 보살승으로 향하는 사람은 다음과 같은 마음을 일으켜야 한다. 즉 나는 살아 있는 모든 중생을 영원한 평안이라 하는 열반의 세계에 이끌어 들이지 않으면 안 된다. 그러나 이와 같이 모든 중생을 열반의 세계로 이끌어 들여도 실은 누구 한 사람 영원한 평안으로 이끌어 들여진 사람은 없다.

그것은 왜냐하면 수보리여, 만일 보살에게 살아 있다는 생각[衆生想]이 있다면 그는 보살이 아니라고 말하지 않을 수 없으며, 개체라는 생각[壽者想]이나 개인이라는 생각[人想]이 있다면 그는 보살이 아니라고 말하지 않으면 안 되기 때문이다.

그것은 왜냐하면 수보리여, 보살승으로 향했다고 하는 사람은 아무 것도 존재하지 않기 때문이다."

1017-2 "수보리여, 어떻게 생각하는가?"

"여래가 연등여래의 아래에서 무상정등각을 현실에서 깨달았다고 하는 그러한 일이 있었겠는가?"

이와 같이 질문했을 때에 수보리 장로는 다음과 같이 대답했다.

"스승이시여, 제가 스승께서 설하신 말씀의 의미를 이해한 바에 의하면, 여래께서 연등여래·응공·정등각자의 아래에서 무상정등각으로서 현실로 깨달았다고 하는 것은 아무것도 없습니다."

이와 같이 말했을 때, 스승께서 수보리 장로에게 다음과 같이 말씀 하셨다.

"그와 같다. 수보리여, 그와 같다. 여래가 연등여래·응공·정등각자의 아래에서 무상정등각으로서 현실로 깨달은 것이라고는 아무것도 없다. 수보리여, 여래에 의해서 현실로 깨달은 것이 있다고 한다면 연등여래는 나에게 '젊은이여, 미래의 세상에서 샤키야무니라는 이름의 여래·응공·정등각이 될 것이다.'라고 결코 예언하지 않았을 것이다.

그렇지만 지금 수보리여, 여래·응공·정등각자가 무상정등각으로서 현실로 깨달은 어떤 법도 없기 때문에, 나는 연등여래에 의해서 '젊은이여, 그대는 미래세에서 샤키야무니라는 여래·응공·정등각자가 될 것이다.'라고 수기된 것이다."

1017-3 "그것은 왜냐하면 수보리여,"
"여래란 진여의 다른 이름[異名]이다.
[수보리여, 여래라는 것은 무생법(無生

法)의 다른 이름이다. 수보리여, 여래라는 것은 법단멸(法斷滅 즉 법을 초월하고 있다)의 다른 이름, 수보리여, 여래라는 것은 필경 불생(不生)의 다른 이름이다. 왜냐하면 수보리여, 진제(眞諦)는 무생(無生)인 까닭에.]

1017-4 "수보리여,"

"만일 누군가가 ― 여래·응공·정등각자가 무상정등각을 현실로 깨달았다 ― 라고 말한다면, 그 사람은 잘못된 말을 한 것이 된다. 수보리여, 그는 진실하지 않은 것에 집착하여 나를 비방한 것이 된다. 왜냐하면 수보리여, 여래는 무상정등각을 현실로 깨달았다고 하는 그와 같은 법은 아무것도 없기 때문이다. 또 수보리여, 여래가 현실로 깨닫고 혹은 교시한 법에는, 진실도 허망도 없다. 그러므로 일체제법이라고 하는 것은, 불법(佛法)이라고 설하는 것이다.

왜냐하면 수보리여, 일체제법이라고 하는 것은 법이 아니라고 여래에 의해서 설해져 있다. 그러므로 일체제법은 불법이라고 말하는 것이다."

1017-5 "비유하면, 수보리여,"
"사람이 있어, 구족한 몸(具足身), 큰 몸(大身)이 있다고 하는 것과 같다."
수보리 장로는 말했다.
"스승이시여, 여래가 구족신, 큰 몸을 가졌다고 설한 그 사람은, 실은 몸이 아니라고 여래는 설하셨기 때문에 구족신, 대신이라고 말하는 것입니다."

1017-6 스승께서 말씀하셨다.
"수보리여, 그대로이다. 만약에 보살이 '나는 중생을 영원한 평안으로 인도할 것이다.' 라고 말한다면, 그는 보살이라고 할 수 없다. 왜냐하면 수보리여, 보살이라고 이름

할 수 있는 것이 있겠는가?

수보리가 대답했다.

"아닙니다. 그렇지 않습니다. 스승이시여, 그 보살이라고 이름 할 수 있는 것은 아무 것도 없습니다."

스승께서는 말씀하셨다.

"수보리여, 중생이다. 중생이라고 하는 것은 실은 중생이 아니라고 여래는 말하고 있다. 그러므로 중생이라고 말하는 것이다. 이런 까닭에 여래는 일체제법은 아(我)가 없고, 일체제법은 중생도 없고, 수자도 없고, 사람도 없다고 설하는 것이다."

1017-7 "수보리여, 만약에 보살이 '나는 국토의 장엄을 완수할 것이다.' 라고 말했다면 그는 진실 아닌 것을 말했다고 해야 한다. 왜냐하면 수보리여, 국토 장엄, 국토 장엄이라고 말하는 것은 장엄이 아니라고 여래는 설했다. 그러므로 국토 장엄이라고 하는 것이다."

1017-8 "수보리여, 보살에게는 제법(諸法)은 무아(無我)이다. 제법은 무아라고 믿고 이해한다면 여래·응공·정등각자는 그를 보살·마하살이라고 설한다."

1018-1 스승께서 질문하셨다.
"수보리여, 어찌 생각하는가?"
"여래에게는 육안(肉眼)이 있겠는가?"
수보리가 대답했다.
"스승이시여, 그렇습니다."
"여래께는 육안이 있습니다."
스승께서 질문하셨다.
"수보리여, 어찌 생각하는가?"
"여래에게는 천안(天眼)이 있겠는가?"
수보리가 대답했다.
"스승이시여, 그렇습니다."
"여래께는 천안이 있습니다."
스승께서 질문하셨다.

"수보리여, 어찌 생각하는가?"
"여래에게는 혜안(慧眼)이 있겠는가?"
 수보리가 대답했다.
"스승이시여, 그렇습니다."
"여래께는 혜안이 있습니다."
 스승께서 질문하셨다.
"수보리여, 어찌 생각하는가?"
"여래에게는 법안(法眼)이 있겠는가?"
 수보리가 대답했다.
"스승이시여, 그렇습니다."
"여래께는 법안이 있습니다."
 스승께서 질문하셨다.
"수보리여, 어찌 생각하는가?"
"여래에게는 불안(佛眼)이 있겠는가?"
수보리가 대답했다.
"스승이시여, 그렇습니다."
"여래께는 불안이 있습니다."

1018-2 스승께서 질문하셨다.

"수보리여, 큰 강, 항하에 있는 모든 모래, 그 모래를 여래는 설했었는가?"

수보리가 대답했다.

"스승이시여, 그렇습니다. 선서시여, 그렇습니다. 그 모래를 여래께서 설하셨습니다."

스승께서 질문하셨다.

"수보리여, 큰 강 항하에 있는 모든 모래 수만큼의 항하가 있고, 그리고 그들 가운데에 있는 모래 수만큼의 세계가 있다고 한다면 그 세계는 많겠는가?"

수보리가 대답했다.

"스승이시여, 그렇습니다. 선서시여, 그렇습니다. 그 세계들은 많을 것입니다."

스승께서 말씀하셨다.

"수보리여, 이들 세계에 있는 모든 중생이 가지고 있는 여러 가지 마음의 흐름을 나는 알고 있다. 왜냐하면 마음의 흐름, 마음의 흐름이란 수보리여, 그것은 흐름이 아니라고 여래가 설했다. 그렇기 때문에 마음의 흐름이라고 하는 것이다. 왜 그런가 하면 수보리여, 과거의 마음은 아무리 구해도 인식될 수 없으며(不可得), 미래의 마음도 인식될 수 없고, 현재의 마음도 인식될 수 없기 때문이다."

1019 "수보리여, 어떻게 생각하는가?"

"선남자 선녀인이 이 3천대천세계를 7보로 가득 채워서 여래·응공·정등각에게 보시했다고 한다면, 그 선남자 선녀인은 그것에 의해서 많은 복취(福聚)를 쌓은 것이 되겠는가?"

수보리는 대답했다.

"스승이시여, 많고말고요. 행복한 분(善逝)시여, 많고말고요."

스승께서 말씀하셨다.

"그렇다, 수보리여. 그대로다. 그 선남

자 선녀인은 그것에 의해서 많은 복취를 쌓는 것이 될 것이다. 왜냐하면 복취, 복취(를 쌓는다.)라는 것은 수보리여, 그것은 복취가 아니(非聚)라고 여래는 설한다. 그러므로 복취라고 말할 수 있기 때문이다. 만일 수보리여, 복취가 있다고 한다면 복취, 복취가 있다고는 여래가 설하지 않았을 것이다.

1020-1 스승께서 질문하셨다.

"수보리여, 어떻게 생각하는가? 여래를 색신을 구족성취하고 있는 사람으로 보아야 하겠는가?"

수보리가 대답했다.

"스승이시여, 그렇지 않습니다. 여래를 색신을 구족성취하고 있는 분으로 보아서는 안 됩니다. 왜냐하면 스승이시여, 색신을 구족성취하고 있다. 색신을 구족 성취하고 있다는 것은 실제로는 구족성취하고 있지 않다는 것이라고 여래께서 설하시기 때문입니다. 그렇기 때문에 색신을 구족성취하고 있다고 말씀하시는 것입니다."

1020-2 스승께서 질문하셨다.
"수보리여, 어떻게 생각하는가? 여래는 상호를 구족한 사람으로 보아야 하는가?"
수보리가 대답했다.
"스승이시여, 그렇지 않습니다. 여래는 상호를 구족한 사람으로 보아서는 안 됩니다. 왜냐하면 스승이시여, 상호를 구족하고 있다고 여래께서 설하신 것은 실제로는 상호를 구족하고 있지 않는 것이라고 말씀하시기 때문입니다. 그렇기 때문에 상호를 구족하고 있다고 말씀 하시는 것입니다."

1021-1 스승께서 질문하셨다.
"수보리여, 어떻게 생각하는가? 내가 법을 교시했다고 하는 생각이 여래에게 있겠는가?"

수보리가 대답했다.

"스승이시여, 그렇지 않습니다. 내가 법을 교시했다는 생각은 여래께는 없습니다."

스승께서 말씀하셨다.

"수보리여, 여래는 법을 교시했다고 설하는 사람이 있다면 그는 잘못을 설한 것이 된다. 수보리여, 그는 부실(不實)에 집착하여 나를 비방하는 사람이다. 왜냐하면 수보리여, 법의 교시, 법의 교시라고 하지만 법의 교시로서 얻어지는 법은 어디에도 존재하지 않기 때문이다."

1021-2 이와 같이 말씀하셨을 때, 수보리 장로는 스승에 대해 다음과 같이 여쭈었다.

"스승이시여, 이제부터 앞으로 다음의 세상, 제2의 5백 년대에 정법의 파멸이 일어날 때, 이와 같은 법을 듣고 믿는 사람들이 있겠습니까."

스승께서 대답하셨다.

"수보리여, 그들은 중생이지도 않고 중생이 아닌 것도 아니다. 왜냐하면 중생, 중생이라고 말하는 것은 모두 중생이 아니라고 여래가 설하기 때문에 중생이라고 말하는 것이다."

1022 "수보리여, 어떻게 생각하는가?"

"여래가 무상정등각을 현재 깨달았다고 하는 법이 무엇이 있겠는가?"

수보리가 대답했다.

"스승이시여, 그런 것은 없습니다. 여래가 무상정등각을 현재 깨달았다고 하는 그러한 법은 아무 것도 없습니다."

스승께서 말씀하셨다.

"그렇다. 수보리여, 그렇다. 미진 만큼의 법도 거기에는 없으며 취득할 수도 없다. 그렇기 때문에 무상정등각이라고 말하는 것이다.

1023 "다시 또 수보리여,"

"참으로 이 법은 평등하다. 그 가운데에는 어떠한 차별도 없다. 그러므로 무상정등각이라 한다. 이 무상정등각은 무아성(無我性)에 의해, 무중생성(無衆生性)에 의해, 무수자성(無壽者性)에 의해, 무인성(無人性)에 의해 평등하며, 온갖 선법(善法)에 의해 현실에서 깨달아진다. 왜냐하면 수보리여, 선법, 선법이라는 것은 법이 아니다. 라고 여래는 설하기 때문에 선법이라 말하는 것이다."

1024-1 "또 참으로 수보리여,"

"한 사람의 여자 혹은 남자가, 이 삼천대천세계에 있는 산들의 왕인 수미산의 수만큼의 칠보를 모아 가지고, 그것을 여래·응공·정등각자에게 보시한다 해도, 만일 또 선남자 선녀인이 이 반야바라밀의 법문에서 4행시의 하나라도 취(取)해서, 다른 사람들에게 설했다고 한다면, 수보리여, 그 앞쪽의 복취(福聚)는 후자의 복취의 백 분의 일에도 미치지 않으며, 내지 유사하지도 않다.

1025 "수보리여, 어찌 생각하는가?"
'나는 중생을 해탈케 했다.'라는 그러한 생각이 여래에게 일어나겠는가? 그러나 수보리여, 참으로 이와 같이 보아서는 안 된다. 왜냐하면 여래가 해탈시켰다고 하는 중생은 없기 때문이다. 수보리여, 여래가 해탈시켰다고 하는 중생이 있다면 여래에게는 아집이 있는 것이다. 중생(살아 있는 사람에 대한)집, 수자(개체에 대한)집, 인(개인에 대한)집이 있는 것이다. 수보리여, 아집이라는 것은 즉 집착이 아니다.(非執)라고 여래는 설한다. 그러나 그것은 충분히 성장하고 있지 않은 일반 민중에 의해서 집착되는 것이다. 수보리여, 충분히 성장하지 않는 일반 민중이라고 하는 것은, 그렇지 않다고 여래는 설한다.

그러므로 충분히 성장하지 않은 일반 사람들이라고 말하는 것이다."

1026-1 "수보리여, 어떻게 생각하는가?"

"여래는 여러 모습을 구족하고 있는 사람으로 보아야 하는가?"

수보리가 대답했다.

"스승이시여, 그렇지 않습니다."

"제가 스승께서 설하신 말씀의 의미를 이해하고 있는 바에 의하면, 여래께서는 여러 모습을 구족하고 있는 사람으로 보아서는 안 됩니다."

스승께서 말씀하셨다.

"참으로 그렇다 수보리여,"

"말한 그대로다. 여래는 여러 모습의 구족에 의해 보아서는 안 된다. 왜냐하면 수보리여, 여래를 여러 모습의 구족에 의해 본다면 전륜성왕도 또한 여래라고 하게 될 것이다. 그렇기 때문에 여래는 여러 모습의 구족에 의해 보아서는 안 된다."

수보리 장로는 스승께 다음과 같이 여쭈었다.

"스승이시여, 제가 스승께서 설하신 말씀의 의미를 이해하고 있는 바에 의하면, 여래께서는 여러 모습을 구족하고 있다고 보아서는 안 됩니다."

이때에 스승께서는 다음과 같은 시를 설하셨다.

"누구라도 나를 색에 의해서 보거나 소리에 의해서 나를 구하는 사람은 잘못된 노력에 탐닉하는 사람이어서 이러한 사람들은 나를 볼 수 없으리라."

1026-2 "부처님은 법에 의해서 보아야 한다."

"왜냐하면 모든 도사는 법을 몸으로 하는 사람이므로 그리고 법성은 인식할 수 있는 것은 아니다.

인식하려고 해도 인식할 수 없는 것이다."

1027 "수보리여, 어떻게 생각하는가?"

"여래는 제상(諸相)의 구족에 의해서 무상정등각을 현재 깨달은 것인가. 수보리여, 그러나 그대는 그와 같이 보아서는 안 된다. 왜냐하면 수보리여, 여래는 제상의 구족에 의해 무상정등각을 현재 깨달은 것은 아니기 때문이다. 또 참으로 수보리여, 보살승으로 향(發趣)한 사람에게는 어떤 법의 파멸 혹은 단절을 알게 되면, 이와 같이 말 할지 모른다. 그렇지만 수보리여, 이와 같이 보아서는 안 된다. 왜냐하면 보살승으로 향한 사람에게는 그 어떤 법의 파멸 혹은 단절도 알 수 있는 것은 아니기 때문이다."

1028 "또 수보리여,"

"참으로 선남자 혹은 선녀인이 항하의 모래 수와 같은 세계를 칠보로 가득 채워서 그것을 여래·응공·정등각자에게 보시했다고 하자. 타방의 보살이 있어서 무아(無我) 무생

(無生)의 법에서 인(忍)을 얻었다고 하면, 그 쪽이 그 인연에 의해서 한 층 많은 무량 무수한 복취(福聚)를 생케 할 것이다. 그러나 또 참으로 수보리여, 보살마하살은 복취를 섭취(攝取)해서는 안 된다."

수보리 장로가 여쭈었다.

"스승이시여, 보살은 복취를 섭취해서는 안 되는 것입니까."

스승께서 대답하셨다.

"수보리여, 섭취하지 않으면 안 된다는 것은 집취(執取)해서는 안 되기 때문에 섭취해서는 안 된다고 말하는 것이다."

1029 "또 참으로 수보리여,"

"누군가가 만일, 여래는 가고, 혹은 오며, 혹은 머물며, 혹은 앉고, 혹은 눕는다. 라고 이와 같이 말한다면, 그 사람은 수보리여, 내가 설하는 바의 의미를 이해하지 못한다. 왜냐하면 수보리여, 여래라고 하는 것은 어디에도 가지 않고, 어디에서도 온 사람이 아니다. 그렇기 때문에 여래·응공·정등각이라 말하는 것이다."

1030-1 "또 참으로 수보리여,"

"선남자 혹은 선녀인이, 3천대천세계 속에 있는 땅의 티끌만큼의 세계를 무수한 정진에 의해 원자의 집합과 같은 가루로 만들었을 경우에, 수보리여 어떻게 생각하는가? 그 원자의 집합은 많겠는가?"

수보리가 대답했다.

"스승이시여, 그와 같습니다. 선서(善逝)여, 그와 같습니다. 그 원자의 집합은 많습니다. 왜냐하면 스승이시여, 만일에 원자의 집합이 실유(實有)라면 스승께서는 원자의 집합이라고 설하지 않았을 것이기 때문입니다. 왜냐하면 스승이시여, 그 원자의 집합이라는 것은 비집합(非集合)이라고 여래께서 설하시기 때문입니다. 그러므로 원자의 집합이라고 말하는 것입니다."

1030-2 "또 여래가 3천대천세계라고 설하는 것은, 비세계(非世界)라고 여래는 설하십니다. 그렇기 때문에 3천대천세계라고 말하는 것입니다. 왜냐하면 스승이시여, 만일 세계가 실제로 있다[實有]고 한다면 1합집(一合執)이 있는 것이 됩니다. 더구나 여래가 일합집이라고 설하는 것은, 실은 비집(非執)이라고 여래께서 설하고 계십니다. 그러므로 1합집이라 말씀하시는 것입니다."

스승께서는 말씀하셨다.

"수보리여, 1합집은 불가언(不可言), 불가설(不可說)로서 그것은 법도 아니고 비법(非法)도 아니다.

그러나 저 충분히 성숙하지 못한 일반인들은 그것을 고집하는 것이다."

1031-1 "수보리여,"

"참으로 어떤 사람이 여래는 아견을 설하고 중생견, 수자견, 인견을 설한다고 하자. 수보리여, 그는 바르게 설했다고 말할 수 있겠는가?"

수보리가 대답했다.

"스승이시여, 그렇지 않습니다. 선서여, 그렇지 않습니다. 그는 바르게 설한 것이 아닙니다. 왜냐하면 스승이시여, 여래께서 설하신 그 아견은 비견(非見)이라고 여래께서 설하고 있기 때문입니다. 그러므로 아견이라 말하는 것입니다."

1031-2 스승께서 말씀하셨다.

"수보리여, 참으로 보살승으로 나아간 사람은, 일체법을 알지 않으면 안 되고, 보지 않으면 안 되며, 신해(信解)하지 않으면 안 된다. 더구나 그는 법상(法想)에마저도 집착하지 않도록, 알지 않으면 안 되며, 보지 않으면 안 되며, 신해 하지 않으면 안 된다. 왜냐하면 법상(法想)이다. 법상이다. 라고 하는 것은 수보리여, 그것은 비법상(非法想)이라고 여래는 설한다. 그렇기 때문에 법상이라고 말하는 것이다."

1032-1 "참으로 수보리여,"

"보살·마하살이 무량무수한 세계를 칠보로 가득 채워 모든 여래·응공·정등각자에게 보시했다고 하자. 또 다른 쪽에서 선남자 혹은 선녀인이 이 반야바라밀의 법문에서 4행시의 하나라도 집어 들어서, 수지하고, 독송하고, 배우고 닦아서, 다른 사람에게 자세히 설해 들려주었다고 한다면, 이쪽이 그 인연에 의해서 한층 많은 무량 무수한 복취를 낳게 될 것이다. 그렇다면 어떻게 설해 들려 줄 것인가. 설해 들려주지 않는 것 같이 한다. 그렇기 때문에 설해 준다고 말하는 것이다.

현상계는 별, 그림자,

등불, 아지랑이, 이슬, 물거품,
꿈, 번개, 구름과 같은 것,
이와 같이 보아야 한다."

1032-2 이와 같이 스승께서 설하셨다. 수보리 장로는 환희(歡喜)하였고, 그리고 이들 비구, 비구니, 재가의 신남, 신녀들, 또 천, 인, 아수라, 건달바와 함께하는 세계가 스승의 소설(所說)에 환희 하였다고 한다.

성스러운, 금강의 능단인, 불모(佛母)로서의 금강바라밀 끝.

金剛般若波羅蜜經
금강반야바라밀경

姚秦 天竺三藏 鳩摩羅什譯
요진 천축삼장 구마라습역

2001 第一 法會因由分
제일 법회인연분

如是我聞 一時 佛 在舍衛國祇樹給孤獨園
여시아문 일시 불 재사위국기수급고독원

與大比丘衆 千二百五十人 俱 爾時 世尊
여대비구중 천이백오십인 구 이시 세존

食時 着衣持鉢 入舍衛大城 乞食 於其城
식시 착의지발 입사위대성 걸식 어기성

中 次第乞已 還至本處 飯食訖 收衣鉢 洗
중 차제걸이 환지본처 반사흘 수의발 세

足已 敷座而坐
족이 부좌이좌

3002 善現起請分 第二
선현기청분 제이

時 長老須菩提 在大衆中 卽從座起 偏袒右
시 장로수보리 재대중중 즉종좌기 편단우

肩 右膝着地 合掌恭敬 而白佛言 稀有世尊
견 우슬착지 합장공경 이백불언 희유세존

如來 善護 念諸菩薩 善付囑諸菩薩 世尊 善
여래 선호 념제보살 선부촉제보살 세존 선

男子 善女人 發阿耨多羅三藐三菩提心 應云
남자 선녀인 발아뇩다라삼먁삼보리심 응운

何住 云 何降伏其心 佛言 善哉善哉 須菩提
하주 운 하항복기심 불언 선재선재 수보리

如汝所說 如來善護念諸菩薩 善付囑諸菩薩
여여소설 여래선호념제보살 선부촉제보살

汝今諦聽 當爲汝說 善男子 善女人 發阿
여금제청 당위여설 선남자 선녀인 발아

耨多羅三藐三菩提心 應如是住 如是降伏其
뇩다라삼먁삼보리심 응여시주 여시항복기

心 唯然 世尊 願樂欲聞
심 유연 세존 원요욕문

2003 大乘正宗分 第三
대승정종분 제삼

佛 告須菩提 諸菩薩摩訶薩 應如是降伏其
불 고수보리 제보살마하살 응여시항복기

心 所有一切 衆生之類 若卵生 若胎生 若
심 소유일체 중생지류 약난생 약태생 약

濕生 若化生 若有色 若無色 若有想 若無
습생 약화생 약유색 약무색 약유상 약무

想 若非有想 非無想 我皆令入無餘涅 槃
상 약비유상 비무상 아개영입무여열 반

而滅度之 如是滅度無量無數無邊衆生 實無
이멸도지 여시멸도무량무수무변중생 실무

衆生 得滅度者 何以故 須菩提 若菩薩 有我
중생 득멸도자 하이고 수보리 약보살 유아

相 人相衆生相 壽者相 卽非菩薩
상 인상중생상 수자상 즉비보살

2004 妙行無住分 第四
묘행무주분 제사

復次須菩提 菩薩 於法 應無所住 行於布施
부차수보리 보살 어법 응무소주 행어보시

所謂不住色 布施不住聲香味觸法 布施 須
소위부주색 보시부주성향미촉법 보시 수

菩提 菩薩 應如是 布施 不住於相 何以故
보리 보살 응여시 보시 부주어상 하이고

若菩薩 不住相布施 其福德 不可思量 須菩
약보살 부주상보시 기복덕 불가사량 수보

提於意云何 東方虛空 可思量不 不也 世尊
리어의운하 동방허공 가사량부 불야 세존

須菩提 南西北方 四維上下虛空 可思量不
수보리 남서북방 사유상하허공 가사량부

不也世尊 須菩提 菩薩 無住相布施福德亦
불야세존 수보리 보살 무주상보시복덕역

復如是 不可思量 須菩提 菩薩 但應如所
부여시 불가사량 수보리 보살 단응여소

敎住
교주

2005 如理實見分 第五
여리실견분 제오

須菩提 於意云何 可以身相 見如來不 不
수보리 어의운하 가이신상 견여래부 불

也 世尊 不可以身 相得見如來 何以故 如
야 세존 불가이신 상득견여래 하이고 여

來所說 身相 卽非身相 佛 告須菩提 凡所
래소설 신상 즉비신상 불 고수보리 범소

有相皆是虛妄 若見諸相非相 卽見如來
유상개실허망 약견제상비상 즉견여래

2006 正信稀有分 第六
정신희유분 제육

須菩提 白佛言 世尊 頗有衆生 得聞如是
수보리 백불언 세존 파유중생 득문여시

言說章句 生實信 不 佛告須菩提 莫作是說
언설장구 생실신 부 불고수보리 막작시설

如來滅後 後五百歲 有持戒修福者 於此章
여래멸후 후오백세 유지계수복자 어차장

句 能生信心 以此爲實 當知是人 不於一佛
구 능생신심 이차위실 당지시인 불어일불

二佛三四五佛而種善根 已於無量 千萬佛所
이불삼사오불이종선근 이어무량 천만불소

種諸善根 聞是章句 乃至一念生淨信者 須
종제선근 문시장구 내지일념생정신자 수

菩提 如來 悉知悉見 是諸衆生 得如是無量
보리 여래 실지실견 시제중생 득여시무량

福德 何以故 是諸衆生 無復我相人相衆生
복덕 하이고 시제중생 무부아상인상중생

相壽者相 無法相 亦無非法相 何以故 是諸
상수자상 무법상 역무비법상 하이고 시제

衆生 若心取相 卽爲着我人 衆生壽者 若取
중생 약심취상 즉위착아인 중생수자 약취

法相 卽着我人衆生壽者 何以故 若取非法相
법상 즉착아인중생수자 하이고 약취비법상

卽着我人 衆生壽者 是故 不應取法 不應取
즉착아인 중생수자 시고 불응취법 불응취

非法 以是義故 如來常說 汝等比丘 知我說
비법 이시의고 여래상설 여등비구 지아설

法 如筏喩者 法常應捨 何況非法
법 여벌유자 법상응사 하항비법

2007 無得無說分 第七
무득무설분 제칠

須菩提 於意云何 如來得阿耨多羅三藐三
수보리 어의운하 여래득아뇩다라삼먁삼

菩提耶 如來有所說法耶 須菩提言 如我解
보리야 여래유소설법야 수보리언 여아해

佛所說義 無有定法 名阿耨多羅三藐三菩提
불소설의 무유정법 명아뇩다라삼먁삼보리

亦無有定法如來可說 何以故 如來所說法
역무유정법여래가설 하이고 여래소설법

皆不可取 不可說 非法 非非法 所以者何
개불가취 불가설 비법 비비법 소이자하

一切賢聖 皆以無爲法 而有差別
일체성현 개이무위법 이유차별

2008 依法出生分 第八
의법출생분 제팔

須菩提 於意云何 若人 滿三千大千世界七寶
수보리 어의운하 약인 만삼천대천세계칠보

以用布施 是人 所得福德 寧爲多不 須菩提
이용보시 시인 소득복덕 영위다부 수보리

言 甚多 世尊 何以故 是福德 卽說福德多
언 심다 세존 하이고 시복덕 즉설복덕다

非福德性 是故如來若復有人 於此經中 受
비복덕성 시고여래약부유인 어차경중 수

持乃至 四句偈等 爲他人說 其福 勝彼 何
지내지 사구게등 위타인설 복기 승피 하

以故 須菩提 一切諸佛 及諸佛 阿耨多羅三
이고 수보리 일체제불 급제불 아뇩다라삼

藐三菩提法 皆從此經出 須菩提 所謂佛法
먁삼보리법 개종차경출 수보리 소위불법

者 卽非佛法
자 즉비불법

2009-1 一相無相分 第九
　　　 일상무상분 제구

須菩提 於意云何 須陀洹 能作是念 我得須
수보리 어의운하 수다원 능작시념 아득수

陀洹果不 須菩提言 不也 世尊 何以故 須陀
다원과부 수보리언 불야 세존 하이고 수다

洹 名爲入流 而無所入 不入色聲 香味觸法
원 명위입류 이무소입 불입색성 향미촉법

是名須陀洹
시명수다원

2009-2

　　　須菩提 於意云何 斯陀含 能作是念 我得斯
　　　수보리 어의운하 사다함 능작시념 아득사

　　　陀含果不 須菩提言 不也 世尊 何以故 斯
　　　다함과부 수보리언 불야 세존 하이고 사

　　　陀含 名一往來 而實無往來 是名斯多含
　　　다함 명일왕래 이실무왕래 시명사다함

2009-3

　　　須菩提 於意云何 阿那含 能作是念 我得阿
　　　수보리 어의운하 아나함 능작시념 아득아

　　　那含果不 須菩提言不也 世尊 何以故 阿那
　　　나함과부 수보리 언불야 세존 하이고 아나

　　　含 名爲不來 而實無不來 是故 名 阿那含
　　　함 명위불래 이실무불래 시고 명 아나함

2009-4

　　　須菩提 於意云何 阿羅漢 能作是念 我得阿
　　　수보리 어의운하 아라한 능작시념 아득아

羅漢道不 須菩提言 不也 世尊 何以故 實無
라한도부 수보리언 불야 세존 하이고 실무

有法 名阿羅漢 世尊 若阿羅漢作是念 我得
유법 명아라한 세존 약아라한작시념 아득

阿羅漢道 卽爲着我人衆生壽者 世尊 佛說
아라한도 즉위착아인중생수자 세존 불설

我得無諍 三昧 人中 最爲第一 是第一離欲
아득무쟁 삼매 인중 최위제일 시제일리욕

阿羅漢 世尊 我 不作是念 我是 離欲阿羅漢
아라한 세존 아 부작시념 아시 이욕아라한

世尊 我若作是念 我得 阿羅漢道 世尊 卽不
세존 아약작시념 아득 아라한도 세존 즉불

說須菩提 是樂阿蘭那行者 以須菩提 實無
설수보리 시요아란나행자 이수보리 실무

所行 而名須菩提是樂 阿蘭那行
소행 이명수보리시요 아란나행

2009-5

世尊 佛說我得無諍三昧 人中 最爲第一 是
세존 불설아득무쟁삼매 인중 최위제일 시

第一離欲 阿羅漢 世尊 我不作是念 我是離
제일이욕 아라한 세존 아부작시념 아시이

欲阿羅漢 世尊 我若作是念 我得阿羅漢道
욕아라한 세존 아약작시념 아득아라한도

世尊 卽不說 須菩提 是樂阿蘭那行者 以須
세존 즉불설 수보리 시요아란나행자 이수

菩提 實無所行 而名須菩提 是樂阿蘭那行
보리 실무소행 이명수보리 시요아란나행

2010 莊嚴淨土分 第十
장엄정토분 제십

佛告須菩提 於意云何 如來 昔在燃燈佛所
불고수보리 어의운하 여래 석재연등불소

於法 有所得不 不也 世尊 如來在燃燈佛所
어법 유소득부 불야 세존 여래재연등불소

於法 實 無所得 須菩提 於意云何 菩薩 莊
어법 실 무소득 수보리 어의운하 보살 장

嚴佛土不 不也 世尊 何以故 莊嚴佛土者 卽
엄불토부 불야 세존 하이고 장엄불토자 즉

非莊嚴 是名莊嚴 是故 須菩提 諸菩薩摩訶
비장엄 시명장엄 시고 수보리 제보살마하

薩 應如是生淸淨心 不應住色生心 不應住
살 응여시생청정심 불응주색생심 불응주

聲香味觸法生心 應無所住 而生其心 須菩
성향미촉법생심 응무소주 이생기심 수보

提 譬如有人 身如須彌山王 於意云何 是身
리 비여유인 신여수미산왕 어의운하 시신

爲大不 須菩提言 甚大 世尊 何以故 佛說非
위대부 수보리언 심대 세존 하이고 불설비

身 是名大身
신 시명대신

無爲福勝分 第十一
무위복승분 제십일

須菩提 如恒河中所有沙數 如是沙等恒河
수보리 여항하중소유사유 여시사등항하

於意云何 是諸 恒河沙 寧爲多不 須菩提言
어의운하 시제 항하사 영위다부 수보리언

甚多 世尊 但諸恒 河 尙多無數 何況其沙
심다 세존 단제항 하 상다무수 하항기사

須菩提 我今 實言 告汝 若有善男子善女人
수보리 아금 실언 고여 약유선남자선녀인

以七寶滿爾 所恒河沙數三千大千世界 以
이칠보만이 소항하사수삼천대찬세계 이

用布施 得福 多不 須菩提 言甚多 世尊 佛
용보시 득복 다부 수보리 언심다 세존 불

告須菩提 若善男子善女人 於此經中 乃至
고수보리 약선남자선녀인 어차경중 내지

受持四句偈等 爲他人說 而此福德 勝前福德
수지사구게등 위타인설 이차복덕 승전복덕

2012 尊重正敎分 第十二

　존중정교분 제십이

　　復次須菩提 隨說是經 乃至四句偈等 當知
　　부차수보리 수설시경 내지사구게등 당지

　　此處 一切世間天 人阿修羅 皆應供養 如佛
　　차처 일체세간천 인아수라 개응공양 여불

　　塔廟 何況有人盡能受持讀誦 須菩提 當知
　　묘탑 하항유인진능수지독송 수보리 당지

　　是人 成就最上第一希有之法 若是經典 所
　　시인 성취최상제일희유지법 약시경전 소

　　在之處 卽爲有佛 若尊重弟子
　　재지처 즉위유불 약존중제자

2013-1 如法受持分 第十三

　　여법수지분 제십삼

　　爾時 須菩提 白佛言 世尊 當何名此經 我
　　이시 수보리 백불언 세존 당하명차경 아

84

等 云何奉持 佛告 須菩提 是經 名爲金剛
등 운하봉지 불고 수보리 시경 명위금강

般若波羅密 以是名字 汝當奉持 所以者何
반야바라밀 이시명자 여당봉지 소이자하

須菩提 佛說般若波羅蜜 卽 非般若波羅蜜
수보리 불설반야바라밀 즉 비반야바라밀

是名般若波羅蜜
시명반야바라밀

須菩提 於意云何 如來 有所說法不 須菩提
수보리 어의운하 여래 유소설법부 수보리

白佛言 世尊 如來無所說
백불언 세존 여래무소설

2013-3

須菩提 於意云何 三千大千世界 所有微塵
수보리 어의운하 삼천대천세계 소유미진

是爲多不 須菩提言 甚多 世尊 須菩提 諸
시위다부 수보리언 심다 세존 수보리 제

微塵 如來說非微塵 是名微塵 如來說世界
미진 여래설비미진 시명미진 여래설세계

非世界 是名 世界
비세계 시명 세계

2013-4

須菩提 於意云何 可以三十二相 見如來不
수보리 어의운하 가이삼십이상 견여래부

不也 世尊 不可 以三十二相 得見如來 何
불야 세존 불가 이삼십이상 득견여래 하

以故 如來說 三十二相 卽是 非相 是名三
이고 여래설 삼십이상 즉시 비상 시명삼

十二相
십이상

2013-5
須菩提 若有善男子善女人 以恒河沙等身命
수보리 약유선남자선녀인 이항하사등신명

布施 若復有人 於此經中 乃至受持四句偈
보시 약부유인 어차경중 내지수지사구게

等 爲他人說 其福 甚多
등 위타인설 기복 심다

2014-1 離相寂滅分 第十四
난상적멸분 제십사

爾時 須菩提 聞說是經 深解義趣 涕淚悲泣
이시 수보리 문설시경 심해의취 체누비읍

而白佛言 希有 世尊 佛說如是 甚深經典
이백불언 희유 세존 불설여시 심심경전

我從昔來所得慧眼 未曾得聞如是之經 世尊
아종석래소득혜안 미증득문여시지경 세존

若復有人 得聞是經 信心淸淨 卽生實相 當
약부유인 득문시경 신심청정 즉생실상 당

知是人 成就 第一希有功德 世尊 是實相者
지시인 성취 제일희유공덕 세존 시실상자

卽是非相 是故 如來說名實相
즉시비상 시고 여래설명실상

2014-2

世尊 我今得聞如是經典 信解受持 不足爲
세존 아금득문여시경전 신해수지 부족위

難 若當來世 後五百世 其有衆生 得聞是經
난 약당내세 후오백세 기유중생 득문시경

信解受持 是人 卽爲第一希有
신해수지 시인 즉위제일희유

2014-3

何以故 此人 無我相 無人相 無衆生相 無
하이고 차인 무아상 무인상 무중생상 무

壽者相 所以者何 我相 卽是非相 人相衆生
수자상 소이자하 아상 즉시비상 인상중생

相壽者相 卽是非相 何以故 離一切諸相 卽
상수자상 즉시비상 하이고 이일체제상 즉

名諸佛
명제불

2014-4

佛告須菩提 如是如是 若復有人 得聞是經
불고수보리 여시여시 약부유인 득문시경

不驚不怖不畏 當知是人 甚爲希有 何以故
불경불포불외 당지시인 심위희유 하이고

須菩提 如來說第一波羅蜜 卽非第一波羅
수보리 여래설제일바라밀 즉비제일바라

蜜 是名第一波羅蜜
밀 시명제일바라밀

2014-5

須菩提 忍辱波羅蜜 如來說非忍辱波羅蜜
수보리 인욕바라밀 여래설비인욕바라밀

是名忍辱波羅蜜 何以故 須菩提 如我昔爲
시명인욕바라밀 하이고 수보리 여아석위

歌利王 割截身體 我於爾時 無我相無人相
가리왕 할절신체 아어이시 무아상무인상

無眾生相 無壽者相 何以故 我於往昔節節
무중생상 무수자상 하이고 아어왕석절절

支解時 若有我相人相眾生相壽者相 應生
지해시 약유아상인상중생상수자상 응생

嗔恨 須菩提 又念過去 於五百世 作忍辱
진한 수보리 우념과거 어오백세 작인욕

仙人 於爾所世 無我相 無人相 無眾生相
선인 어이소세 무아상 무인상 무중생상

無壽者相是故 須菩提 菩薩應離一切相 發
무수자상시고 수보리 보살응리일체상 발

阿耨多羅三藐三菩提心 不應住色生心 不應
아뇩다라삼먁삼보리심 불응주색생심 불응

住聲香味觸法 生心 應生無所住心 若心有
주성향미촉법 생심 응생무소주심 약심유

住 即 為非住 是故 佛說菩提心 不應 住色
주 즉 위비주 시고 불설보리심 불응 주색

布施
보시

2014-6

須菩提 菩薩 爲利益一切衆生 應如是布施
수보리 보살 위이익일체중생 응여시보시

如來 說一切諸相 卽是非相 又說一切衆生
여래 설일체제상 즉시비상 우설일체중생

卽非衆生 須菩提 如來 是眞語者 實語者
즉비중생 수보리 여래 시진어자 실어자

如語者 不誑語者 不異語者
여어자 불광어자 불이어자

2014-7

須菩提 如來所得法 此法 無實無虛 須菩
수보리 여래소득법 차법 무실무허 수보

提 若菩薩 心住於 法 而行布施 如人入闇
리 약보살 심주어 법 이행보시 여인입암

卽無所見 若菩薩 心不住法 而行布施 如人
즉무소견 약보살 심부주법 이행보시 여인

有目 日光明照 見種種色
　　　유목 일광명조 견종종색

2014-8

　　　須菩提 當來之世 若有善男子善女人 能於
　　　수보리 당래지세 약유선남자선녀인 능어

　　　此經 受持讀誦 卽爲如來以佛智慧 悉知是
　　　차경 수지독송 즉위여래이불지혜 실지시

　　　人 悉見是人 皆得成就無量無邊功德
　　　인 실견시인 개득성취무량무변공덕

2015-1 持經功德品 第十五
　　　지경공덕품 제십오

　　　須菩提 若有 善男子善女人 初日分 以 恒
　　　수보리 약유 선남자선녀인 초일분 이 항

　　　河沙等身 布施 中日分 復以恒河沙等身 布
　　　하사등신 보시 중일분 부이항하사등신 보

施 後日分 亦以恒河沙等身 布施 如是無量
시 후일분 역이항하사등신 보시 여시무량

百千萬億劫 以身布施 若復有人 聞此經典
백천만억겁 이신보시 약부유인 문차경전

信心不逆 其福 勝彼 何況書寫受持讀誦 爲
신심불역 기복 승피 하항서사수지독송 위

人解說
인해설

2015-2

須菩提 以要言之 是經 有不可思議不可稱
수보리 이요언지 시경 유불가사의불가칭

量無邊功德 如來 爲發大乘者說 爲發最上
량무변공덕 여래 위발대승자설 위발최상

乘者說 若有人 能受持讀誦 廣爲人說如來
승자설 약유인 능수지독송 광위인설여래

悉知是人 悉見是人 皆得成就不可量不可稱
실지시인 실견시인 개득성취불가량불가칭

無有邊不可 思議功德如是人等 卽爲荷擔
무유변불가 사의공덕여시인등 즉위하담

如來 阿耨多羅三藐三菩提 何以故 須菩提
여래 아뇩다라삼먁삼보리 하이고 수보리

若樂小法者 着我見人見衆生見壽者見 卽於
약요소법자 착아견인견중생견수자견 즉어

此經 不能聽受讀誦 爲人解說
차경 불능청수독송 위인해설

2015-3

須菩提 在在處處 若有此經 一切世間天人
수보리 재재처처 약유차경 일체세간천인

阿修羅 所應供養 當知此處 卽爲是塔 皆應
아수라 소응공양 당지차처 즉위시탑 개응

恭敬 作禮 圍繞 以諸華香 而散其處
공경 작례 위요 이제화향 이산기처

2016-1 能淨業障分 第十六
　　　능정업장분 제십육

復次 須菩提 善男子 善女人 受持讀誦此經
부차 수보리 선남자 선녀인 수지독송차경

若爲人 輕賤 是人 先世罪業 應墮惡道 以
약위인 경멸 시인 선세죄업 응타악도 이

今世人 輕賤故 先世罪業 卽爲消滅 當得
금세인 경천고 선세죄업 즉위소멸 당득

阿耨多羅三藐三菩提
아뇩다라삼먁삼보리

2016-2

須菩提 我念 過去無量 阿僧祇劫 於 燃燈
수보리 아념 과거무량 아승기겁 어 연등

佛前 得値八百四 千萬億那由陀諸佛 悉皆
불전 득치팔백사 천만억나유타제불 실개

供養承事 無空過者 若復有人 於後末世 能
공양승사 무공과자 약부유인 어후말세 능

受持讀誦此經 所得功德 於我所供養諸佛功
수지독송차경 소득공덕 어아소공양제불공

德 百分不及一 千萬億分 乃至算數譬喻 所
덕 백분불급일 천만억분 내지산수비유 소

不能及
불능급

2016-3

須菩提 若善男子 善女人 於後末世 有受持
수보리 약선남자 선녀인 어후말세 유수지

讀誦此經 所得功德 我若具說者 或有人聞
독송차경 소득공덕 아약구설자 혹유인문

心卽狂亂 狐疑不信 須菩提 當知 是 經 義
심즉광란 호의불신 수보리 당지 시 경 의

不可思議 果報 亦不可思議
불가사의 과보 역불가사의

2017-1 究竟無我分 第十七
구경무아분 제십칠

爾時 須菩提 白佛言 世尊 善男子 善女人
이시 수보리 백불언 세존 선남자 선녀인

發阿耨多羅三藐三菩提 云何應住 云何降
발아뇩다라삼막삼보리 운하응주 운하항

伏其心 佛告須菩提 若善男子 善女人 發阿
복기심 불고수보리 약선남자 선녀인 발아

耨多羅三藐三菩提心者 當生如是心 我應滅
뇩다라삼먁삼보리심자 당생여시심 아응멸

度一切衆生滅度一切衆生已 而無有一衆生
도일체중생멸도일체중생이 이무유일중생

實滅度者 何以故 須菩提 若菩薩 有我相人
실멸도자 하이고 수보리 약보살 유아상인

相衆生相壽者相 卽非菩薩 所以者何 須菩
상중생상수자상 즉비보살 소이자하 수보

提 實無有法 發阿耨多羅三藐三菩提心者
리 실무유법 발아뇩다라삼먁삼보리심자

2017-2

須菩提 於意云何 如來 於燃燈佛所 有法得
수보리 어의운하 여래 어연등불소 유법득

阿耨多羅三藐三菩提不 不也 世尊 如我解
아뇩다라삼먁삼보리부 불야 세존 여아해

佛所說義 佛於燃燈佛所 無有法 得阿耨多
불소설의 불어연등불소 무유법 득아뇩다

羅三藐三菩提 佛言 如是如是 須菩提 實無
라삼먁삼보리 불언 여시여시 수보리 실무

有法 如來 得阿耨多羅三藐三菩提 須菩提
유법 여래 득아뇩다라삼먁삼보리 수보리

若有法 如來得阿耨多羅三藐三菩提者 燃
약유법 여래득아뇩다라삼먁삼보리자 연

燈佛 卽不與我授記 汝 於來世 當得作佛
등불 즉불여아수기 여 어래세 당득작불

號釋迦牟尼 以實無有法 得阿耨多羅三藐
호석가모니 이실무유법 득아뇩다라삼먁

三菩提 是故燃燈佛 與我授記 作是言 汝
삼보리 시고연등불 여아수기 작시언 여

於來世 當得作佛 號釋迦牟尼
어래 세당득작불 호석가모니

2017-3

何以故 如來者 卽諸法如義
하이고 여래자 즉제법여의

2017-4

若有人 言如來得阿耨多羅三藐三菩提 須菩
약유인 언여래득아뇩다라삼먁삼보리 수보

提 實無有法 佛得阿耨多羅三藐三菩提 須
리 실무유법 불득아뇩다라삼먁삼보리 수

菩提 如來所 得阿耨多羅三藐三菩提 於是
보리 여래소 득아뇩다라삼먁삼보리 어시

中 無實無虛 是故 如來 說一切法 皆是佛
중 무실무허 시고 여래 설일체법 개시불

法 須菩提 所言 一切 法者 卽非一切法 是
법 수보리 소언 일체 법자 즉비일체법 시

故 名一切法
고 명일체법

2017-5

　　　須菩提 譬如人身長大 須菩提言 世尊 如來
　　　수보리 비여인신장대 수보리언 세존 여래

　　　說人身長大 即爲非大身 是名大身
　　　설인신장대 즉위비대신 시명대신

2017-6

　　　須菩提 菩薩 亦如是 若作是言 我當滅度無
　　　수보리 보살 역여시 약작시언 아당멸도무

　　　量衆生 即不名菩薩 何以故 須菩提 實無有
　　　량중생 즉불명보살 하이고 수보리 실무유

　　　法 名爲菩薩 是故 佛說一切法 無我無人無
　　　법 명위보살 시고 불설일체법 무아무인무

　　　衆生 無壽者
　　　중생 무수자

2017-7

　　　須菩提 若菩薩 作是言 我當莊嚴佛土 是不
　　　수보리 약보살 작시언 아당장엄불토 시불

名 菩薩 何以故 如來說莊嚴佛土者 卽非莊
명 보살 하이고 여래설장엄불토자 즉비장

嚴 是名莊嚴
엄 시명장엄

2017-8

須菩提 若菩薩 通達無我法者 如來說名眞
수보리 약보살 통달무아법자 여래설명진

是菩薩
시보살

2018-1 一體同觀分 第十八
　　　　일체동관분 제십팔

須菩提 於意云何 如來有肉眼不 如是 世尊
수보리 어의운하 여래유육안부 여시 세존

如來有肉眼 須菩提 於意云何 如來有天 眼
여래유육안 수보리 어의운하 여래유천 안

不 如是 世尊 如來有天眼 須菩提 於意云
부 여시 세존 여래유천안 수보리 어의운

何 如來有慧眼不 如是 世尊 如來有慧眼
하 여래유혜안부 여시 세존 여래유혜안

須菩提 於意云何 如來有法眼不 如是 世尊
수보리 어의운하 여래유법안부 여시 세존

如來有法眼 須菩提 於意云何 如來有佛眼
여래유법안 수보리 어의운하 여래유불안

不 如是 世尊 如來 有佛眼
부 여시 세존 여래 유불안

2018-2

須菩提 於意云何 如恒河中所有沙 佛說是
수보리 어의운하 여항하중소유사 불설시

沙不 如是 世尊 如來說是沙 須菩提 於意
사부 여시 세존 여래설시사 수보리 어의

云何 如一恒河中 所有沙 有如是沙等恒河
운하 여일항하중 소유사 유여시사등항하

是諸恒河 所有沙數 佛世界 如是 寧爲多不
시제항하 소유사수 불세계 여시 영위다부

甚多 世尊 佛告須菩提 爾所國土中 所有衆
심다 세존 불고수보리 이소국토중 소유중

生 若干種心 如來悉知 何以故 如來說諸心
생 약간종심 여래실지 하이고 여래설제심

皆爲非心 是名爲心 所以者何 須菩提 過去
개위비심 시명위심 소이자하 수보리 과거

心不可得 現在心 不可得 未來心 不可得
심불가득 현재심 불가득 미래심 불가득

2019 法界通化分 第十九
법계통화분 제십구

須菩提 於意云何 若有人 滿三千大千世界
수보리 어의운하 약유인 만삼천대천세계

七寶 以用布施 是人 以是因緣 得福多不
칠보 이용보시 시인 이시인연 득복다부

如是 世尊 此人 以是因緣 得福 甚多 須菩
여시 세존 차인 이시인연 득복 심다 수보

提 若福德 有實 如來不說 得福德多 以福
리 약복덕 유실 여래불설 득복덕다 이복

德無 故 如來 說得福德多
덕무 고 여래 설득복덕다

2020-1 離色離相分 第二十
　　이색이상분 제이십

須菩提 於意云何 佛 可以具足色身 見不
수보리 어의운하 불 가이구족색신 견부

不也 世尊 如來 不應以具足色身 見 何以
불야 세존 여래 불응이구족색신 견 하이

故 如來說具足色身 卽非具足色身 是名具
고 여래설구족색신 즉비구족색신 시명구

足色身
족색신

2020-2

須菩提 於意云何 如來 可以具足諸相 見不
수보리 어의운하 여래 가이구족제상 견부

不也 世尊 如來 不應以具足諸相 見 何以
불야 세존 여래 불응이구족제상 견 하이

故 如來說諸相具足 卽非具足 是名諸相具足
고 여래설제상구족 즉비구족 시명제상구족

2021-1 非說所說分 第二十一
　　　비설소설분 제이십일

須菩提 汝勿謂如來作是念 我當有所說法
수보리 여물위여래작시념 아당유소설법

莫作是念 何以故 若人 言 如來有所說法
막작시념 하이고 약인 언 여래유소설법

卽爲謗佛 不能解我所說故 須菩提 說 法者
즉위방불 불능해아소설고 수보리 설 법자

無法可說 是名說法
무법가설 시명설법

2021-2

爾時 慧命 須菩提 白佛言 世尊 頗有衆生
이시 혜명 수보리 백불언 세존 파유중생

於未來世 聞說是法 生信心不 佛言 須菩
어미래세 문설시법 생신심부 불언 수보

提 彼非衆生 非不衆生 何以故 須菩提 衆
리 피비중생 비불중생 하이고 수보리 중

生衆生者 如來說非衆生 是名衆生
생중생자 여래설비중생 시명중생

2022 無法可得分 第二十二
무법가득분 제이십이

須菩提 白佛言 世尊 佛 得阿耨多羅三藐三
수보리 백불언 세존 불 득아뇩다라삼먁삼

菩提 爲無所得耶佛言 如是如是 須菩提 我
보리 위무소득야불언 여시여시 수보리 아

於阿耨多羅三藐三菩提 乃至無有小法可得
어아뇩다라삼먁삼보리 내지무유소법가득

是名阿耨多羅三藐三菩提
시명아뇩다라삼먁삼보리

2023 淨心行善分 第二十三
정심행선분 제이십삼

復次須菩提 是法 平等 無有高下 是名阿耨
부차수보리 시법 평등 무유고하 시명아뇩

多羅三藐三菩提以無 我無人無衆生無壽者
다라삼먁삼보리이무 아무인무중생무수자

修一切善法 卽得阿耨多羅三藐三菩提 須菩
수일체선법 즉득아뇩다라삼먁삼보리 수보

提 所言善法者 如來 說卽非善法 是名善法
리 소언선법자 여래 설즉비선법 시명선법

2024 福智無比分 第二十四
복지무비분 제이십사

須菩提 若三千大千世界中 所有諸須彌山王
수보리 약삼천대천세계중 소유제수미산왕

如是等七寶聚 有人 持用布施 若人 以此般
여시등칠보취 유인 지용보시 약인 이차반

若波羅蜜經 乃至四句偈等 受持讀誦 爲他
야바라밀경 내지사구게등 수지독송 위타

人說 於前福德 百分 不及一 百千萬億分
인설 어전복덕 백분 불급일 백천만억분

乃至 算數譬喩 所不能及
내지 산수비유 소불능급

2025 化無所化分 第二十五
화무소화분 제이십오

須菩提 於意云何 汝等 勿爲如來作是念
수보리 어의운하 여등 물위여래작시념

我當度衆生 須菩提 莫作是念 何以故 實無
아당도중생 수보리 막작시념 하이고 실무

有衆生 如來度者 如來卽有我人衆生壽者
유중생 여래도자 여래즉유아인중생수자

須菩提 如來說有我者 卽非有我 而凡夫之
수보리 여래설유아자 즉비유아 이범부지

人 以爲有我 須菩提 凡夫者 如來說卽非凡
인 이위유아 수보리 범부자 여래설즉비범

夫 是名凡夫
부 시명범부

2026 法身非相分 第二十六
법신비상분 제이십육

須菩提 於意云何 可以三十二相 觀如來不
수보리 어의운하 가이삼십이상 관여래부

須菩提 言 如是 如是 以三十二相 觀如來
수보리 언 여시 여시 이삼십이상 관여래

佛言 須菩提 若以三十二相 觀如來者 轉輪
불언 수보리 약이삼십이상 관여래자 전륜

聖王 卽是如來 須菩提 白佛言 世尊 如我解
성왕 즉시여래 수보리 백불언 세존 여아해

佛所說義 不應以三十二相 觀如來 爾時 世
불소설의 불응이삼십이상 관여래 이시 세

尊 而說偈言
존 이설게언

若以色見我 以音聲求我
약이색견아 이음성구아

是人行邪道 不能見如來
시인행사도 불능견여래

2027 無斷無滅分 第二十七
무단무멸분 제이십칠

須菩提 汝若作是念 如來不以具足相故 得
수보리 여약작시념 여래불이구족상고 득

阿耨多羅三藐三菩提 須菩提 莫作是念 如
아뇩다라삼먁삼보리 수보리 막작시념 여

來 不以具足相故 得阿耨多羅三藐三菩提
래 불이구족상고 득아뇩다라삼먁삼보리

須菩提 汝若作是念 發阿耨多羅三藐三菩提
수보리 여약작시념 발아뇩다라삼먁삼보리

心者 說諸法斷滅 莫作是念 何以故 發阿耨
심자 설제법단멸 막작시념 하이고 발아뇩

多羅三藐三菩提心者 於法 不 說斷滅相
다라삼먁삼보리심자 어법 불 설단멸상

2028 不受不貪分 第二十八
불수불탐분 제이십팔

須菩提 若菩薩 以滿恒河沙等世界七寶 持
수보리 약보살 이만항하사등세계칠보 지

用布施 若復有人 知一切法無我 得成於忍
용보시 약부유인 지일체법무아 득성어인

此菩薩 勝前 菩薩 所得功德 何以故 須菩
차보살 승전 보살 소득공덕 하이고 수보

提 以諸菩薩 不受 福德故 須菩提 白佛言
리 이제보살 불수 복덕고 수보리 백불언

世尊 云何菩薩 不受福德 須菩提 菩薩 所
세존 운하보살 불수복덕 수보리 보살 소

作福德 不應貪着 是故 說不受福德
작복덕 불응탐착 시고 설불수복덕

2029 威儀寂靜分 第二十九
위의적정분 제이십구

須菩提 若有人 言 如來若來若去 若坐若臥
수보리 약유인 언 여래약래약거 약좌약아

是人 不解我 所說義 何以故 如來者 無所
시인 불해아 소설의 하이고 여래자 무소

從來 亦無所去 故名如來
종래 역무소거 고명여래

2030-1 一合相理分 第三十
일합상리분 제삼십

須菩提 若善男子 善女人 以三千大千世界
수보리 약선남자 선녀인 이삼천대천세계

碎爲微塵 世尊 何以故 於意云何 是微盡衆
쇄위미진 세존 하이고 어의운하 시미진중

寧爲多不 須菩提言 甚多 若是微塵衆 實有
영위다부 수보리언 심다 약시미진중 실유

者 佛 卽不說是微塵衆 所以者何 佛說微塵
자 불 즉불설시미진중 소이자하 불설미진

衆 卽非微塵衆 是名微塵衆
중 즉비미진중 시명미진중

2030-2

世尊 如來所說 三千大千世界 卽非世界 是
세존 여래소설 삼천대천세계 즉비세계 시

名世界 何以故 若 世界 實有者 卽是一合
명세계 하이고 약 세계 실유자 즉시일합

相 如來說一合相 卽非一合相 是名一合相
상 여래설일합상 즉비일합상 시명일합상

須菩提 一合相者 卽是不可說 但凡夫之人
수보리 일합상자 즉시불가설 단범부지인

貪着其事
탐착기사

2031-1 知見不生分 第三十一
　　　지견불생분 제삼십일

　　須菩提 若人 言 佛說我見人見衆生見壽者
　　수보리 약인 언 불설아견인견중생견수자

　　見 須菩提 於意云何 是人 解我所說義不
　　견 수보리 어의운하 시인 해아소설의부

　　不也 世尊 是人 不解如來所說義 何以故
　　불야 세존 시인 불해여래소설의 하이고

　　世尊 說我見人見衆生見壽者見 卽非我見人
　　세존 설아견인견중생견수자견 즉비아견인

　　見衆生見壽者見 是名我見人見衆生見壽
　　견중생견수자견 시명아견인견중생견수

　　자견

2031-2

　　須菩提 發阿耨多羅三藐三菩提心者 於一
　　수보리 발아뇩다라삼먁삼보리심자 어일

切法 應如是 知 如是見 如是信解 不生法
체법 응여시 지 여시견 여시신해 불생법

相 須菩提 所言法相者 如來說卽非法相 是
상 수보리 소언법상자 여래설즉비법상 시

名法相
명법상

2032 應化非眞分 第三十二
응화비진분 제삼십이

須菩提 若有人 以滿無量阿僧祇世界七寶
수보리 약유인 이만무량아승기세계칠보

持用布施 若有善男子 善女人 發菩薩心者
지용보시 약유선남자 선녀인 발보리심자

持於此經 乃至 四句偈等 受持讀誦 爲人演
지어차경 내지 사구게등 수지독송 위인연

說 其福 勝彼云何爲人演說 不取於相 如如
설 기복 승피운하위인연설 불취어상 여여

不動 何以故
부동 하이고

一切有爲法 如夢幻泡影
일체유위법 여몽환포영

如露亦如電 應作如是觀
여로역여전 응작여시관

佛說是經已 長老須菩提 及諸比丘比丘尼
불설시경이 장로수보리 급제비구비구니

優婆塞 優婆夷 一切世間天人阿修羅 聞佛
우바새 우바이 일체세간천인아수라 문불

所說 皆大歡喜 信受奉行
소설 개대환희 신수봉행

金剛般若波羅蜜經 終
금강반야바라밀경 종

우리말 독송용 금강경

1판2쇄 발행 / 2021년 09월 21일
1판2쇄 발행 / 2021년 10월 1일
감수_ 혜경 스님
번역_ 혜화 스님
발행인_ 김용성
발행처_ 지우출판
출판등록_2003년 8월 19일
서울시 동대문구 휘경로 2길 3, 4층
TEL:02-962-9154 / FAX:02-962-9156
ISBN 978-89-91622-24-1 / 03220
www.LnBpress.com
무단 전재·복제를 금합니다.

정가 10,000원